跟我学汉语

练习册 第三册

Learn Chinese with Me

Workbook 3

人民教育出版社
People's Education Press

教材项目规划小组

严美华　姜明宝　张少春

岑建君　崔邦焱　宋秋玲

赵国成　宋永波　郭　鹏

主　　编　陈　绂　朱志平

编写人员　娄　毅　宋志明　朱志平

徐彩华　陈　绂

英文翻译　李长英

美术编辑　张立衍

插图制作　北京天辰文化艺术传播有限公司

责任编辑　王世友

审　　稿　王本华　吕　达

跟我学汉语

练习册　第三册

（英语版）

*

人民教育出版社出版发行

网址：http://www.pep.com.cn

北京人卫印刷厂印装　全国新华书店经销

*

开本：890 毫米×1 240 毫米　1/16　印张：10.25

2004 年 12 月第 1 版　2009 年 5 月第 5 次印刷

印数：19 501～25 500 册

ISBN 978－7－107－18229－7 / G·11318（课）　定价：32.50 元

如发现印、装质量问题，影响阅读，请与本社出版科联系调换。

（联系地址：北京市海淀区中关村南大街 17 号院 1 号楼　邮编：100081）

Printed in the People's Republic of China

说　明

本练习册与《跟我学汉语》第三册学生用书相配套，主要作为学生课后作业使用，老师也可有选择地在课堂上使用。本练习册一共有6个单元，每单元4课，共24课，各课设8～10道练习题，内容覆盖汉语拼音、汉字、课文词汇及句型等。由于适用对象是已具有一些汉语基础知识的学生，所以本练习册编写时贯彻了以下几条原则：

1. 在词汇方面，与课文相适应，每课都设有对新学词语的练习，重点放在对这些词语的认读上，要求能准确地给它们加汉语拼音，对一些重点词语则同时要求会写，要求词语的英、汉之间的意思能够互译。另外，本练习册不再对汉语拼音进行辨音、声调等方面的练习。

2. 在汉字练习方面，本练习册与课文相配套，重点练习汉字的基本结构、最常用部件、基本笔画、笔顺等知识，每单元设一次练习，共有6次练习。

3. 本练习册在注重汉语知识的完整性与系统性的同时，也突出了练习的趣味性，为此也配了一些提示练习的图画，设计了一些有趣的练习形式。

编　者

2004年8月

Introduction

This workbook, in coordination with *Learn Chinese with Me* Student's Book 3, consists of exercises suitable for both homework and classwork alike. There are altogether six units, each of which contains four lessons, with a total of 24 lessons in all. There are eight to ten exercises in each lesson. The exercises test the students' knowledge of *Pinyin*, Chinese characters, vocabulary, sentence patterns, etc. The students that this book is intended for have already acquired a certain level of Chinese. Therefore, when compiling these exercises we have kept in mind the following principles:

1. Vocabulary: In accordance with the textbook, an exercise is provided that focuses on the recognition and pronunciation of the vocabulary introduced in the lesson. In this exercise the students are required to choose the correct *Pinyin* for the given words and be able to write important characters and words. They are also required to translate the English words into Chinese and vice versa. Unlike Workbook 1 there are no more exercises on sound discrimination or tone practice.

2. Chinese characters: This workbook, in accordance with the textbook, emphasizes the basic structures, common components, basic strokes and stroke order of Chinese characters. There is one such exercise in each unit, thus six in all.

3. While ensuring that the learning of Chinese is carried out in an integrated and systematic fashion, we also tried to make every exercise interesting with picture illustrations and other amusing forms of exercises.

Compilers

August, 2004

CONTENTS

Unit One

Meiyun's Family

她从香港来

1. Combine the characters in the box into words and then write them in *Pinyin*.

眼	女	好	镜
可	香	家	子
邻	搬	睛	爱
居	久	港	儿

(1) 眼睛 yǎnjing　(2) ________

(3) ________　(4) ________

(5) ________　(6) ________

(7) ________　(8) ________

2. Translation.

(1)

① guò 过 to spend　② bāng 帮 ________

③ bān 搬 ________　④ xìng 姓 ________

⑤ yuán 圆 ________　⑥ jiàn 见 ________

(2)

① son 儿子　② daughter ________

③ long time ________　④ lovely ________

⑤ fat ________　⑥ eye ________

⑦ glasses ________　⑧ short of stature ________

3. Match the words in the left and right columns to form correct collocation.

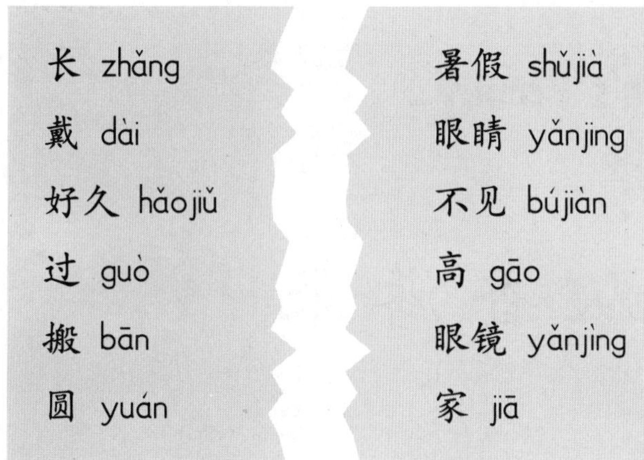

长 zhǎng
戴 dài
好久 hǎojiǔ
过 guò
搬 bān
圆 yuán
暑假 shǔjià
眼睛 yǎnjing
不见 bújiàn
高 gāo
眼镜 yǎnjìng
家 jiā

4. Decide whether the following expressions are true or false. Write T for true and F for false.

(1) 长得很愉快（ F ）　　(2) 长得漂亮（　　）

(3) 长得瘦瘦的（　　）　　(4) 过得很快乐（　　）

(5) 过得很可爱（　　）　　(6) 过得怎么样（　　）

5. Complete the sentences according to the pictures.

(1) 美云戴着一条（ 长长 ）的围巾。

(2) 我的邻居李太太长得（　　　）的。

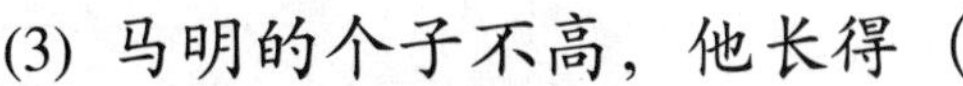 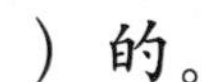

(3) 马明的个子不高，他长得（　　　　）的。

(4) 张太太总是笑（　　　　）的。

6. Answer the following questions using the given words.

(1)

A: 马明，你暑假过得怎么样？

B: 我暑假过得很愉快。

(愉快)

(2)

A: 杰克，你在干什么？

B: ______________________

(帮　搬家)

(3)

A: 美云长得怎么样?

B: ______________________

(可爱)

(4)

A: 李先生长得怎么样?

B: ______________________

(瘦瘦的)

7. Find a suitable place in the sentence for the word in the parentheses.

(1) 见A面以后，我B问马明假期C过D怎么样。(得)

D

(2) 李先生的女儿A在香港B过C非常D愉快。(得)

______

(3) 那边那个A戴眼镜的人B是C我的朋友。(就)

______

(4) 现在A我B介绍C一下D香港这个城市。(来)

______

8. Translation.

(1) Translate the following sentences into English.

① 马明暑假过得不错。

Ma Ming had a nice summer vacation.

② 我在帮邻居搬家。

____

③ 李先生一家从香港来。

____

④ 他的儿子长得很可爱，有一双大大的眼睛。

____

(2) Translate the following sentences into Chinese.

① Meiyun is helping her mother with the cooking.

美云在帮妈妈做饭。

② Mr. Lee's friend is from New York.

____

③ Jack, long time no see.

____

④ Her sister is rather thin but has a chubby face.

____

9. Writing.

Hints: Describe one of your neighbors or friends in detail. Include his / her age, appearance, Chinese zodiac sign, and where he / she is from ...

Key words: 长 zhǎng　矮 ǎi　瘦 shòu　出生 chūshēng　属相 shǔxiàng　胖 pàng　戴 dài

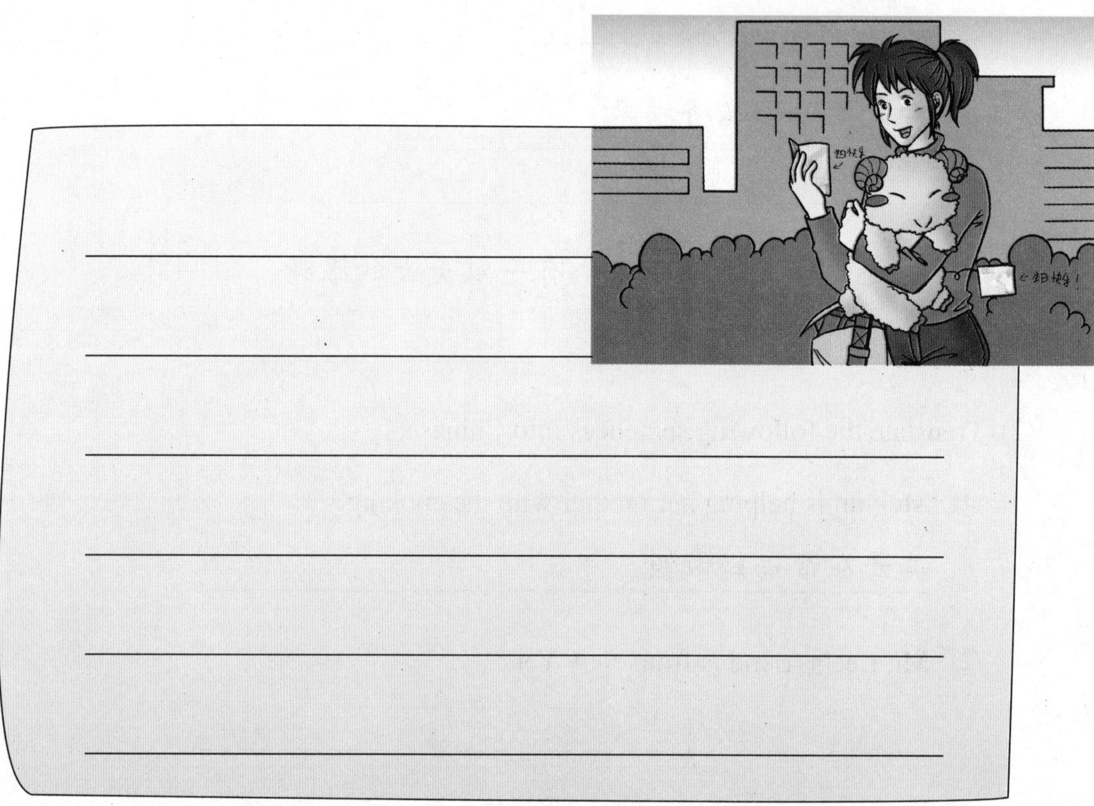

10. Exercises on Chinese characters.

(1) Identify the components of each of the following Chinese characters.

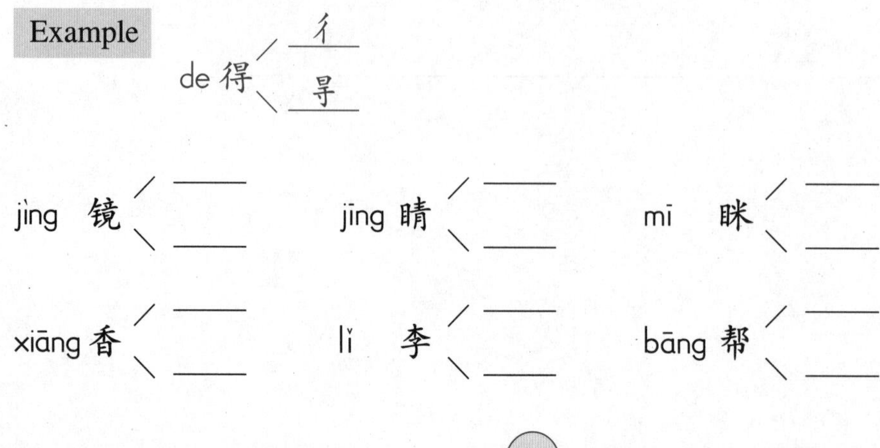

Example

de 得 ⟨ 彳 / 㝵

jìng 镜 ⟨ ____ / ____　　jīng 睛 ⟨ ____ / ____　　mī 眯 ⟨ ____ / ____

xiāng 香 ⟨ ____ / ____　　lǐ 李 ⟨ ____ / ____　　bāng 帮 ⟨ ____ / ____

(2) Form Chinese characters by using the following given components.

Example 目＋艮→（yǎn 眼）

女＋生→（　　）　　月＋半→（　　）

口＋员→（　　）　　冂＋一＋口→（　　）

扌＋舟＋殳→（　　）　　矢＋禾＋女→（　　）

(3) Write the characters by following the stroke order.

pàng 胖	胖 胖 胖 胖 胖 胖 胖 胖 胖
yuán 圆	圆 圆 圆 圆 圆 圆 圆 圆 圆 圆
mī 眯	眯 眯 眯 眯 眯 眯 眯 眯 眯 眯 眯
ǎi 矮	矮 矮 矮 矮 矮 矮 矮 矮 矮 矮 矮 矮 矮
bān 搬	搬 搬 搬 搬 搬 搬 搬 搬 搬 搬 搬 搬 搬
jìng 镜	镜 镜 镜 镜 镜 镜 镜 镜 镜 镜 镜 镜 镜 镜 镜 镜

2 我家的厨房

1. Combine the characters in the box into words and then write them in *Pinyin*.

整	电	室	客
上	刚	报	厨
卧	话	班	才
纸	房	厅	齐

(1) 整齐 zhěngqí　　(2) ________

(3) ________　　(4) ________

(5) ________　　(6) ________

(7) ________　　(8) ________

2. Translation.

(1)

① gāng 刚 just　　② jiē 接 ________

③ yòu 又 ________　　④ shuài 帅 ________

⑤ lóu xià 楼下 ________　　⑥ chúfáng 厨房 ________

⑦ gàosu 告诉 ________　　⑧ zhǔnbèi 准备 ________

(2)

① neat 整齐　　② bedroom ________

③ newspaper ________　　④ go to work ________

⑤ living room ________　　⑥ to call ________

⑦ upstairs ________　　⑧ weather forecast ________

3. Match the words in the left and right columns to form correct collocation.

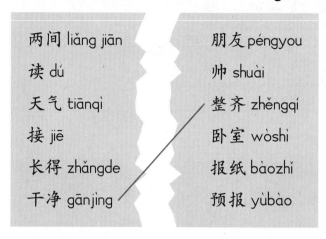

两间 liǎng jiān	朋友 péngyou
读 dú	帅 shuài
天气 tiānqì	整齐 zhěngqí
接 jiē	卧室 wòshì
长得 zhǎngde	报纸 bàozhǐ
干净 gānjìng	预报 yùbào

4. Fill in the blanks with the given words.

(1) 杰克的叔叔（　　　）从香港回来。

(2)（　　　）卧室里的电话响了。

(3) 李小龙（　　　）在做作业。

(4)（　　　）有人给妈妈打了一个电话。

(5) 美云（　　　）吃完饭，她的朋友就来了。

(6) 我们学校（　　　）举行完运动会。

5. Write a complete sentence with the given words.

(1)

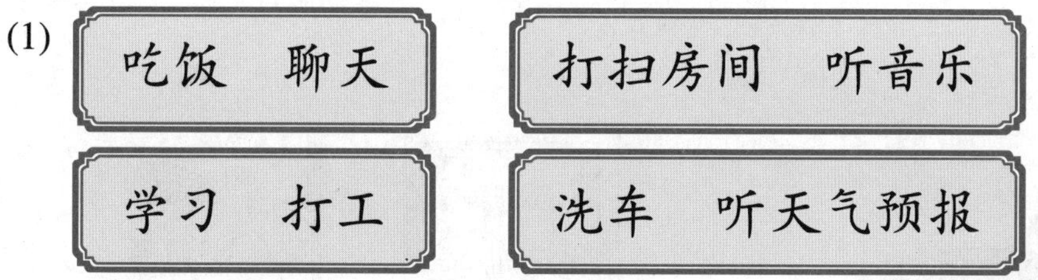

① 李先生一家人一边吃饭一边聊天。

② ______________________________

③ ______________________________

④ ______________________________

(2)

吃完饭　上班	放暑假　旅行
回家　打电话	结束　睡觉

① 林太太一吃完饭，就去上班。

② ____________________

③ ____________________

④ ____________________

6. Find a suitable place in the sentence for the word in the parentheses.

(1) 小王一从外边回来，A 他的朋友 B 来 C 看他 D 来了。(就)

B

(2) 爸爸一边喝咖啡，A 听 B 天气 C 预报。(一边)

____

(3) A 你的病 B 好，C 不应该去踢球。(刚)

____

(4) A 他看见 B 一个人 C 走进了那家商店。(刚才)

____

7. Translation.

(1) Translate the following sentences into English.

① 刚才谁来找我?

Who came and asked to see me just now?

② 马明让我告诉你他今天不能来了。

____

③ 妈妈一边在厨房里做饭一边听音乐。

____

④ 我一听到消息就告诉你，好吗?

____

(2) Translate the following sentences into Chinese.

① His sister just finished her high school.

他的妹妹刚上完中学。

② Ma Ming wants his sister to learn computer.

____

③ Mr. Lin listened to the weather forecast as he drove along.

____

④ She began to read newspapers as soon as she finished watching the football game.

____

8. Writing.

Hints: Where do you live? What is the surrounding area like? How many rooms are there in your house?

Key words:	间	卧室	厨房	楼上	楼下	客厅
	jiān	wòshì	chúfáng	lóushang	lóu xià	kètīng

9. Exercises on Chinese characters.

(1) Identify the components of each of the following Chinese characters.

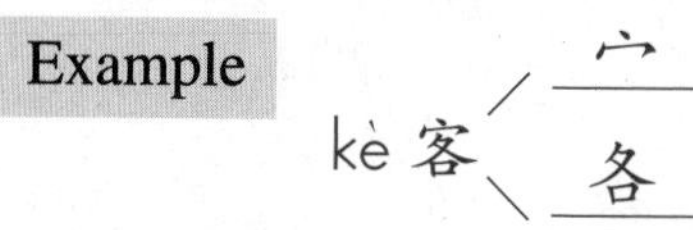

bào 报 ＿＿ ＿＿ jiē 接 ＿＿ ＿＿ lóu 楼 ＿＿ ＿＿

tīng 厅 ＿＿ ＿＿ fáng 房 ＿＿ ＿＿ zhěng 整 ＿＿ ＿＿

(2) Form Chinese characters by using the following given components.

Example 冈＋刂→（gāng 刚）

予＋页→（　　）　　臣＋卜→（　　）

束＋攵＋正→（　　）　　厂＋豆＋寸→（　　）

(3) Write the characters by following the stroke order.

shuài 帅	帅 帅 帅 帅 帅
jiān 间	间 间 间 间 间 间 间
wò 卧	卧 卧 卧 卧 卧 卧 卧 卧
lóu 楼	楼 楼 楼 楼 楼 楼 楼 楼 楼 楼 楼 楼 楼
zhěng 整	整 整 整 整 整 整 整 整 整 整 整 整 整 整 整 整

弟弟的宠物

1. Combine the characters in the box into words and then write them in *Pinyin*.

建	一	门	乌
龟	摔	小	里
定	房	议	间
面	口	心	跤

(1) 建议 jiànyì　　(2) ________

(3) ________　　(4) ________

(5) ________　　(6) ________

(7) ________　　(8) ________

2. Translation.

(1)

① guān 关 to shut　　② zhàn 站 ________

③ hézi 盒子 ________　　④ lǐmiàn 里面 ________

⑤ jiànyì 建议 ________　　⑥ fángjiān 房间 ________

⑦ ménkǒu 门口 ________　　⑧ shuāijiāo 摔跤 ________

(2)

① to ask 问　　② to step on ________

③ tortoise ________　　④ to bite ________

⑤ to be careful ________　　⑥ surely ________

⑦ parrot ________　　⑧ to go out ________

3. Match the words in the left and right columns to form correct collocation.

养 yǎng	摔跤 shuāijiāo
好 hǎo	门 mén
小心 xiǎoxīn	出来 chūlái
关 guān	狗 gǒu
乌龟 wūguī	建议 jiànyì

4. Fill in the blanks with suitable measure words.

(1) 一（　　）鸡 

(2) 一（　　）鹦鹉

(3) 一（　　）乌龟 

(4) 两（　　）狗 

(5) 两（　　）牛 

(6) 两（　　）猪 

(7) 三（　　）老虎 

(8) 三（　　）马 

(9) 三（　　）蛇 

5. Complete the sentences using the given words.

(1) 我们别等了，看样子他 会迟到 。

（会　迟到）

(2) 你最好带上雨伞，__________。

（会　下雨）

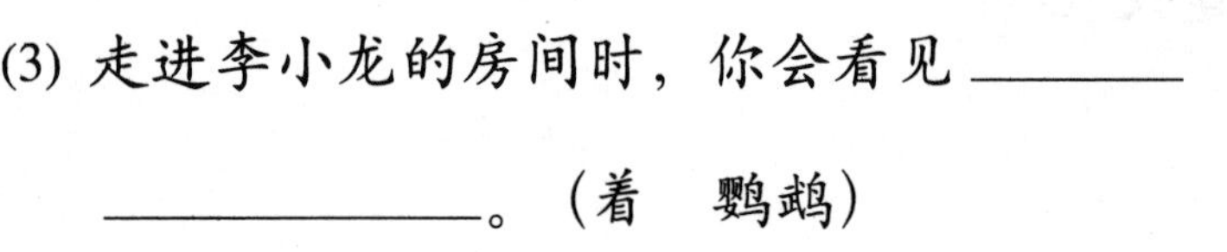

(3) 走进李小龙的房间时，你会看见________

__________。（着　鹦鹉）

(4) 王太太告诉警察，那个人__________。

（着　墨镜）

6. Complete the dialogue using the given words.

(1)

A: 妈妈，你把我的汉语课本放在哪儿了？

B: 我把你的汉语课本放在你的书包里了。（把）

(2)

A: 马明打算把这件礼物送给谁？

B: ______________________________（把）

(3)

A: 天气预报说什么？

B: ______________________________（会　刮风）

(4)

A: 刘老师的建议是什么？

B: ________________________________ （把　做完）

7. Find a suitable place in the sentence for the word in the parentheses.

(1) A王小雨B那封信C寄给了D一位北京的朋友。（把）

B

(2) 天气预报A说明天下午B不C下雪。（会）

____

(3) 别担心，A你爸爸B一定C来D看你的。（会）

____

(4) 在A他弟弟的房间里，门的旁边B站C一只绿色的鹦鹉。（着）

____

8. Writing.

Hints: Answer the questions in the given order and then join your answers together to form a paragraph.

Questions: Do you have pets?
What is your favorite pet?
What are the advantages of keeping a pet?

Key words: 养 yǎng　宠物 chǒngwù　狗 gǒu　猫 māo　动物 dòngwù　好处 hǎochù

9. Exercises on Chinese characters.

(1) Identify the components of each of the following Chinese characters.

Example

zhàn 站 ／ 立 ＼ 占

jiàn 建 ／ ____ ＼ ____　　guò 过 ／ ____ ＼ ____　　yǎo 咬 ／ ____ ＼ ____

jiān 间 ／ ____ ＼ ____　　wèn 问 ／ ____ ＼ ____　　cǎi 踩 ／ ____ ＼ ____

(2) Form Chinese characters by using the following given components.

Example 讠＋义→（yì 议）

扌＋率→（　　）　　口＋咸→（　　）

武＋鸟→（　　）　　合＋皿→（　　）

(3) Write the characters by following the stroke order.

guī	龟	龟 龟 龟 龟 龟 龟 龟
chǒng	宠	宠 宠 宠 宠 宠 宠 宠 宠
jiàn	建	建 建 建 建 建 建 建 建
yǎo	咬	咬 咬 咬 咬 咬 咬 咬 咬 咬
yǎng	养	养 养 养 养 养 养 养 养 养
cǎi	踩	踩 踩 踩 踩 踩 踩 踩 踩 踩 踩 踩 踩 踩 踩 踩

4 这个城市跟香港很不一样

1. Combine the characters in the box into words and then write them in *Pinyin*.

城	习	广	人
马	出	那	路
早	门	餐	告
惯	口	市	么

(1) 城市 chéngshì　(2) ________

(3) ________　(4) ________

(5) ________　(6) ________

(7) ________　(8) ________

2. Translation.

(1)

① chāoshì 超市 supermarket　② mǎlù 马路 ________

③ nàme 那么 ________　④ guǎnggào 广告 ________

⑤ yuànzi 院子 ________　⑥ chūmén 出门 ________

⑦ rénkǒu 人口 ________　⑧ xiǎochīdiàn 小吃店 ________

(2)

① to park 停车　② side ________

③ breakfast ________　④ to hang ________

⑤ city ________　⑥ to be accustomed to ________

3. Match the words in the left and right columns to form correct collocation.

吃 chī	车 chē
逛 guàng	衣服 yīfu
过 guò	超市 chāoshì
挂 guà	早餐 zǎocān
停 tíng	马路 mǎlù

4. Complete the dialogue using the given words.

(1)

A: 北京的夏天和香港的夏天一样热吗？

B: 北京的夏天没有香港的夏天热。

（没有　热）

(2)

A: 这个城市的人口和那个城市的人口一样多吗？

B: ______________________

（没有　多）

(3)

A: 马明和杰克长得一样高吗？

B: ______________________

（比　高得多）

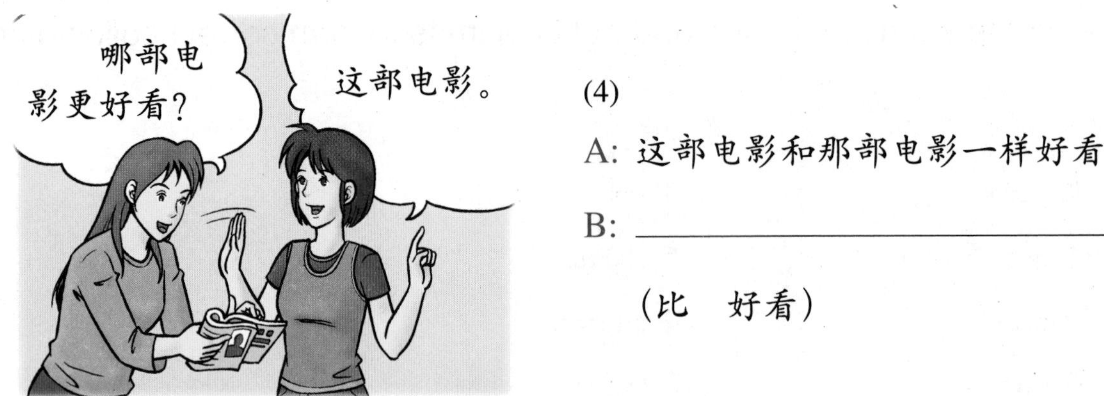

(4)

A: 这部电影和那部电影一样好看吗？

B: ______________________________

（比　好看）

5. Find a suitable place in the sentence for the word in the parentheses.

(1) 这里的夏天A跟B那里的C夏天D冷。（一样）

D

(2) 这条街上的小吃店A比B那条街上的小吃店C多D多。（得）

____

(3) 这辆蓝色的车A那辆红色的车B快C得多。（比）

____

(4) A这个汉字B那个汉字C难写。（没有）

____

6. Translation.

(1) Translate the following sentences into English.

① 这辆车跟那辆车很不一样。

This car is quite different from that one.

② 香港的人口没有这里多。

____

③ 这家超市比那家超市大。

____

④ 请向林先生问好。

____

(2) Translate the following sentences into Chinese.

① Many advertisements are placed along both sides of the streets in this city.

这个城市的马路边挂着很多广告。

② Mary has gotten used to wearing that skirt.

____

③ Learning Chinese is as difficult as learning English.

____

④ Meiyun is not so tall as Headmaster Lin.

____

7. Put Chinese characters in the blanks to form correct words.

			那	女	眼			
		告			镜	乌		
	早	餐					超	
城								定
	卧						建	
		物				纸		
			客	话	班			

8. Writing.

Hints: Write a letter to your friends to introduce to them the cities or countries you have been to, and make a comparison of two certain cities or countries.

Key words:	城市	商店	超市	比	跟……一样	向……问好
	chéngshì	shāngdiàn	chāoshì	bǐ	gēn yíyàng	xiàng wènhǎo

9. Exercises on Chinese characters.

(1)

① Identify the components of each of the following Chinese characters.

Example

méi 梅 — 木 / 每

chéng 城 ______ / ______　　guà 挂 ______ / ______　　tíng 停 ______ / ______

yuàn 院 ______ / ______　　lù 路 ______ / ______　　yīng 鹦 ______ / ______

② Form Chinese characters by using the following given components.

Example 门＋日→（jiān 间）

走＋召→（　　）　　走＋己→（　　）

广＋占→（　　）　　歺＋又＋食→（　　）

③ Write the characters by following the stroke order.

shì	市	市 市 市 市 市
guà	挂	挂 挂 挂 挂 挂 挂 挂 挂 挂
méi	梅	梅 梅 梅 梅 梅 梅 梅 梅 梅 梅 梅
guàn	惯	惯 惯 惯 惯 惯 惯 惯 惯 惯 惯 惯
chāo	超	超 超 超 超 超 超 超 超 超 超 超 超
cān	餐	餐 餐 餐 餐 餐 餐 餐 餐 餐 餐 餐 餐 餐 餐 餐 餐

(2)

① Change the character by adding one more stroke.

Example 王→主

大→　　　　牛→　　　　口→

休→　　　　住→　　　　心→

② Add the missing stroke in the character.

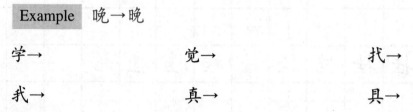

Example 晚→晚

学→　　　　觉→　　　　找→

我→　　　　真→　　　　具→

③ Write characters by using the radicals given. Then compare with your classmates and see who can produce more characters than others.

Example 宀→字、家、客……

工→

口→

忄→

走→

Unit Two

Leisure Time

5 我也想到中国去

1. Combine the characters in the box into words and then write them in *Pinyin*.

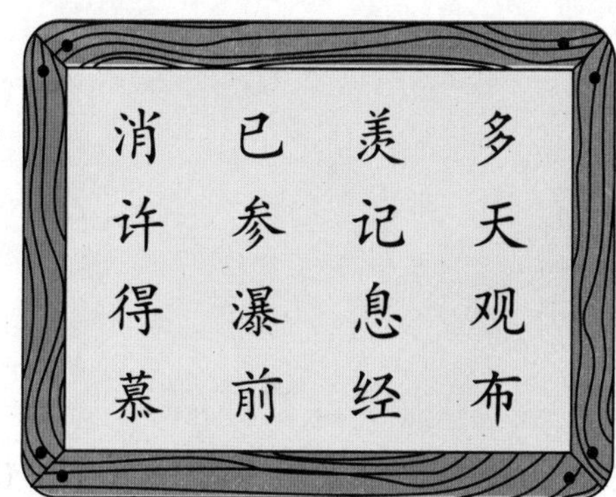

(1) 消息 xiāoxi (2) ________

(3) ________ (4) ________

(5) ________ (6) ________

(7) ________ (8) ________

2. Translation.

(1)

① dài 带 to bring

② jìn 进 ________

③ nǎxiē 哪些 ________

④ qiántiān 前天 ________

⑤ pùbù 瀑布 ________

⑥ jìde 记得 ________

⑦ xǔduō 许多 ________

⑧ chéngshì 城市 ________

(2)

① news 消息　　② to want ________

③ to envy ________　　④ to visit ________

⑤ almost ________　　⑥ supermarket ________

3. Match the words in the left and right columns to form correct collocation.

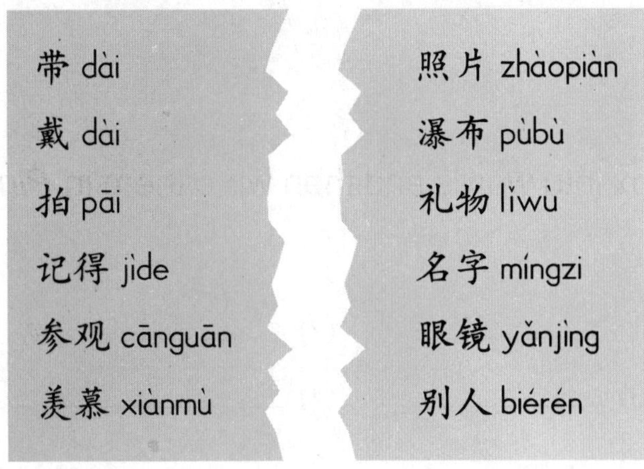

带 dài
戴 dài
拍 pāi
记得 jìde
参观 cānguān
羡慕 xiànmù
照片 zhàopiàn
瀑布 pùbù
礼物 lǐwù
名字 míngzi
眼镜 yǎnjìng
别人 biérén

4. Decide whether the following expressions are true or false. Write T for true and F for false.

(1) 杰克打算明年到中国去。（ T ）

(2) 如果有机会，你能到来中国吗？（　　）

(3) 王先生请马明进来房间。（　　）

(4) 你什么时候才能回香港来？（　　）

(5) 我想后天回去上海。（　　）

5. Answer the questions using the given words according to the pictures.

(1) 大卫的弟弟吃完饭后做什么？

大卫的弟弟吃完饭后上学校去。

（上……去）

(2) 王老师让小雨做什么？

____

（到……去）

(3) 妈妈对李小龙说什么？

____

（到……来）

(4) 马明什么时候能回到北京？

____

（回……来）

6. Translation.

(1) Translate the following sentences into English.

① 去年暑假你到哪儿去了？

Where did you go last summer vacation?

② 上个星期林先生到香港去了。

____

③ 五月六号王老师回他母亲家去了。

____

④ 在北京旅游时你去什么地方参观去了？

____

(2) Translate the following sentences into Chinese.

① How are you doing? I haven't heard from you for ages.

你好，好久没听到你的消息了。

② I was almost late yesterday.

____

③ I will buy you a present when I visit Hong Kong.

____

④ Meiyun envies her grandfather because he lives in the countryside.

____

7. Writing.

Hints: Answer the questions in the given order and then join your answers together to form a paragraph.

Questions: Do you know where China lies?

How far is it from your own country?

How long does it take to go there by air?

Do you know any famous sights or places there?

Key words: 想 xiǎng 羡慕 xiànmù 参观 cānguān 记得 jì de 旅行 lǚxíng 到……去 dào qù

____

____

____

____

____

8. Exercises on Chinese characters.

(1) Identify the components of each of the following Chinese characters.

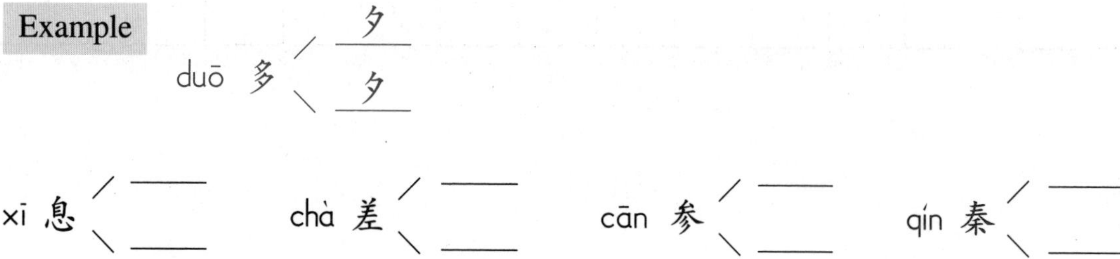

(2) Form Chinese characters by using the following given components.

Example 土＋成→（chéng 城）

井＋辶→（　　）　　　　聿＋廴→（　　）

氵＋日＋共＋氺→（　　）　　　　艹＋日＋大＋⺗→（　　）

(3) Write the characters by following the stroke order.

jìn	进
cān	参
dài	带
xiàn	羡
mù	慕
pù	瀑

6 我喜欢京剧的脸谱

1. Combine the characters in the box into words and then write them in *Pinyin*.

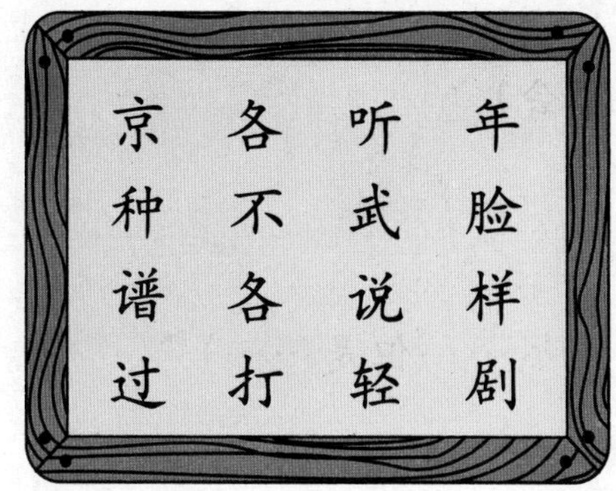

京 各 听 年
种 不 武 脸
谱 各 说 样
过 打 轻 剧

(1) 京剧 jīngjù (2) ____________

(3) ____________ (4) ____________

(5) ____________ (6) ____________

(7) ____________

2. Translation.

(1)

① dǒng 懂 to understand ② jiàn 见 ____________

③ fàngxīn 放心 ____________ ④ yìqǐ 一起 ____________

⑤ jīngjù 京剧 ____________ ⑥ tīngshuō 听说 ____________

⑦ liǎnpǔ 脸谱 ____________ ⑧ yíhuìr 一会儿 ____________

(2)

① young people 年轻人 ② returned ticket ____________

③ however ____________ ④ more and more ____________

⑤ various ____________ ⑥ although; but ____________

3. Complete the dialogue using the given words.

(1)

A: 现在已经可能没有电影票了，怎么办？

B: 不会的，一定还有退票。________ （不会　一定）

(2)

A: 天气预报说下午要下雨。

B: ________ （不会）

(3)

A: 杰克，你觉得昨天晚上的京剧怎么样？

B: ________ （虽然……但是……）

(4)

A: 听说邻居王太太养了一只猫。

B: 是的，________ （越来越……）

4. Fill in the blanks with the given words.

会　虽然　完　去　越　听说

A: 你在这里干什么？

B: 我想买京剧票，可惜已经卖 ______ 了。

A: 到那边 ______ 吧，那儿经常 ______ 有人来退票。

B: 那太好了。你也觉得京剧很有意思吗？

A: 是的，不过 ______ 我觉得有意思，但是我看不懂。

B: 别着急，慢慢就看懂了。

A: ______ 现在喜欢京剧的人越来越少了，是吗？

B: 不是的，我觉得喜欢的人 ______ 来 ______ 多了。

5. Find a suitable place in the sentence for the word in the parentheses.

(1) 虽然李先生喜欢去国外旅游，A他B赚的钱C不多。(但是)

A

(2) A京剧票已经B卖完了，但是还可能C买到退票。(虽然)

______

(3) 请放心，A美云B会C带D她的狗来的。(一定)

______

(4) 王小雨想美华的爸爸A一定B不C戴眼镜。(会)

______

6. Translation.

(1) Translate the following sentences into English.

① 我觉得明天不会刮大风。

I don't think there is going to be strong wind tomorrow.

② 你认为王太太一会儿会来吗?

______

③ 虽然刘先生喜欢看京剧，但是他不懂京剧。

______

④ 现在，越来越多的人喜欢去北京旅游了。

______

(2) Translate the following sentences into Chinese.

① It is believed that very few people like Peking opera, and even fewer understand it.

有人认为喜欢京剧的人不多，懂京剧的人更少。

② If you don't get up now, you are sure to be late.

____

③ Although it's weekend today, Mr. Li does not intend to take any time off.

____

④ More and more people come to participate in the sports meet.

____

7. Writing.

Hints: Answer the questions in the given order and then join your answers together to form a paragraph.

Questions: Do you know about Peking opera?
Have you seen any opera performances?
What special characteristics do they have?
Do you like it?
Why or why not?

Key words: 京剧 jīngjù 场 chǎng 售票处 shòupiàochù 脸谱 liǎnpǔ 武打 wǔdǎ 越来越…… yuè lái yuè

8. Exercises on Chinese characters.

(1) Identify the components of each of the following Chinese characters.

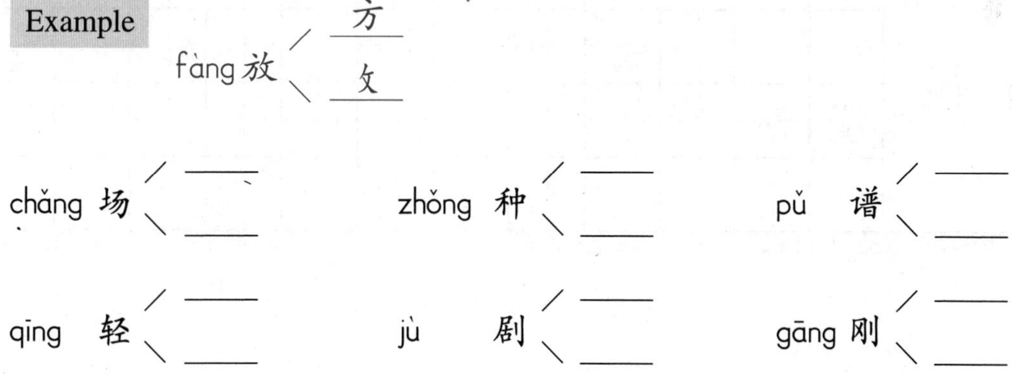

(2) Form Chinese characters by using the following given components.

Example 𦍌＋大→（měi 美）

隹＋口→（　　）　　西＋示→（　　）

艮＋辶→（　　）　　井＋辶→（　　）

亠＋口＋小→（　　）　　忄＋艹＋重→（　　）

(3) Write the characters by following the stroke order.

gèng	更	更	更	更	更	更	更	更						
wǔ	武	武	武	武	武	武	武	武	武					
tuì	退	退	退	退	退	退	退	退	退	退				
yuè	越	越	越	越	越	越	越	越	越	越	越	越	越	
pǔ	谱	谱	谱	谱	谱	谱	谱	谱	谱	谱	谱	谱	谱	谱
		谱												
dǒng	懂	懂	懂	懂	懂	懂	懂	懂	懂	懂	懂	懂	懂	懂
		懂	懂											

7 昨晚我只睡了4个小时

1. Combine the characters in the box into words and then write them in *Pinyin*.

周	小	声	作
明	鼓	演	星
末	钢	时	琴
奏	大	掌	文

(1) 周末 zhōumò (2) ________

(3) ________ (4) ________

(5) ________ (6) ________

(7) ________ (8) ________

2. Translation.

(1)

① xiě 写 to write ② shǎo 少 ________

③ shuì 睡 ________ ④ kùn 困 ________

⑤ zuòwén 作文 ________ ⑥ míngxīng 明星 ________

⑦ zhōumò 周末 ________ ⑧ yǎnzòu 演奏 ________

(2)

① hour 小时 ② extremely ________

③ violin ________ ④ to applaud ________

⑤ piano ________ ⑥ yesterday ________

3. Match the words in the left and right columns to form correct collocation.

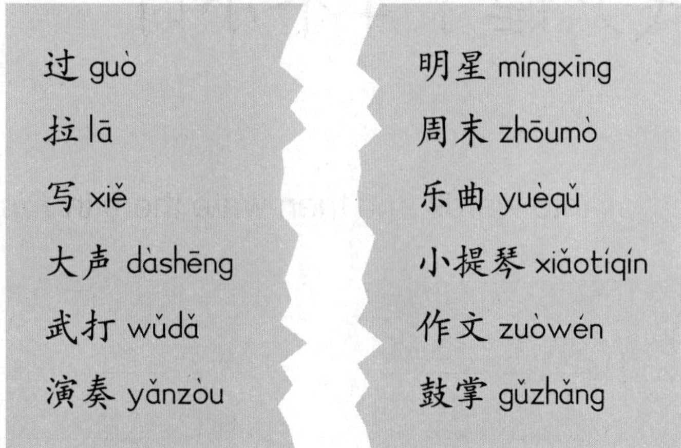

过 guò
拉 lā
写 xiě
大声 dàshēng
武打 wǔdǎ
演奏 yǎnzòu
明星 míngxīng
周末 zhōumò
乐曲 yuèqǔ
小提琴 xiǎotíqín
作文 zuòwén
鼓掌 gǔzhǎng

4. Complete the sentences using the given words.

分钟　小时　天　月　年

(1) 昨天晚上他只睡了 <u>3个小时</u>。

(2) 那位女士演奏了 ________ 中国乐曲。

(3) 杰克学汉语学了 ________。

(4) 美云和妈妈在香港旅游了 ________。

(5) 今天中午爸爸做饭做了 ________。

(6) 大家鼓掌鼓了 ________。

5. Answer the following questions using the given words.

(1)

A: 那位先生拉了多长时间小提琴?

B: <u>那位先生拉了两个小时小提琴。</u>

（两个小时）

(2)

A: 玛丽学了多长时间汉语?

B: ______________________

(一年半)

(3)

A: 你每天上学坐车坐多长时间?

B: ______________________

(40分钟)

(4)

A: 李小龙上网上了多长时间?

B: ______________________

(半个小时)

6. Find a suitable place in the sentence for the word in the parentheses.

(1) 美云的爷爷看A电视B了C两个小时。(看)

B

(2) 妹妹听A音乐B了C一天。(听)

____

(3) 王先生已经A学了B英语C。(10年)

____

(4) 李大龙A已经B上了C大学D。(10个月)

______

7. Translation.

(1) Translate the following sentences into English.

① 我在电影院看了1小时武打片。
I watched a Kungfu movie in the theater for an hour.

② 美云的姐姐已经工作5年了。

______

③ 校长先生开车开了3个多小时。

______

④ 林老师上课上了一上午。

______

(2) Translate the following sentences into Chinese.

① That gentleman played the violin very well.
那位先生拉小提琴拉得好极了。

② Ma Ming played ball game for two hours yesterday.

______

③ My sister played Chinese music for an hour.

______

④ Meiyun watched a Kungfu movie for an hour and a half.

______

8. Write a paragraph according to the given picture.

Key words:	演奏	周末	乐曲	小提琴	拉	极
	yǎnzòu	zhōumò	yuèqǔ	xiǎotíqín	lā	jí

9. Exercises on Chinese characters.

(1) Identify the components of each of the following Chinese characters.

Example

xīng 星 ⟨ 日 / 生

zòu 奏 ⟨ ____ / ____

shuì 睡 ⟨ ____ / ____

jí 极 ⟨ ____ / ____

shí 时 ⟨ ____ / ____

guò 过 ⟨ ____ / ____

jí 级 ⟨ ____ / ____

(2) Form Chinese characters by using the following given components.

Example 扌+是→（tí 提）

氵+宀+寅→（　　）　　王+王+今→（　　）

⺌+口+手→（　　）　　氵+刅+木→（　　）

口+木→（　　）　　口+元→（　　）

(3) Write the characters by following the stroke order.

lóng 龙	龙	龙	龙	龙	龙								
qǔ 曲	曲	曲	曲	曲	曲	曲							
kùn 困	困	困	困	困	困	困	困						
zhōu 周	周	周	周	周	周	周	周	周					
zhǎng 掌	掌	掌	掌	掌	掌	掌	掌	掌	掌	掌	掌	掌	
yǎn 演	演	演	演	演	演	演	演	演	演	演	演	演	演
	演												

8 我的网友

1. Combine the characters in the box into words and then write them in *Pinyin*.

故	以	大	差
不	原	误	上
会	熊	多	谅
为	边	事	猫

(1) 故事 gùshi　　(2) ______

(3) ______　　(4) ______

(5) ______　　(6) ______

(7) ______

2. Translation.

(1)

① wùhuì 误会　　to misunderstand

② xiàcì 下次　　______

③ yuánliàng 原谅　　______

④ gùshi 故事　　______

⑤ yǐwéi 以为　　______

⑥ chà bu duō 差不多　　______

⑦ dàxióngmāo 大熊猫　　______

⑧ míngshèng gǔjì 名胜古迹　　______

(2)

① long　　久　　② tired　　______

③ sleepy　　______　　④ violin　　______

⑤ cyber friend　　______　　⑥ the Great Wall　　______

3. Match the words in the left and right columns to form correct collocation.

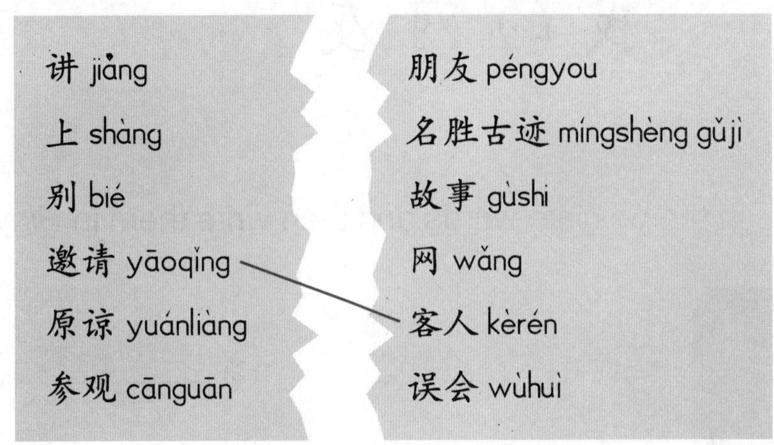

讲 jiǎng
上 shàng
别 bié
邀请 yāoqǐng
原谅 yuánliàng
参观 cānguān
朋友 péngyou
名胜古迹 míngshèng gǔjì
故事 gùshi
网 wǎng
客人 kèrén
误会 wùhuì

4. Decide whether the following expressions are true or false.

(1) 昨天我和朋友一起去游泳，我们玩得非常累。(T)

(2) 那位老人骑自行车骑得很慢。(　　)

(3) 上个周末，王先生一家人在颐和园里玩一个小时了。(　　)

(4) 美云虽然喜欢听京剧音乐，她但是看不懂京剧。(　　)

5. Find a suitable place in the sentence for the word in the parentheses.

(1) 妈妈叫美华A回B自己的房间C里D。(去)

D

(2) 在那封信里，李太太邀请A王家明暑假B到C香港D玩。(来)

____

(3) A李小龙B五岁的时候，C他开始学习汉语。(当)

____

(4) 在舞厅里，A他们B跳了C舞D。(一会儿)

____

6. Translation.

(1) Translate the following sentences into English.

① 当她还很小的时候，她见过一次大熊猫。

She saw pandas once when she was very young.

② 当你来北京的时候，一定别忘了去参观长城。

____

③ 请你别误会，我说的不是这件事。

____

④ 小雨看起来有些不高兴，她好像误会了我。

____

(2) Translate the following sentences into Chinese.

① Please forgive me, but I forget your name.

请原谅，我忘记了你的名字。

② I thought today was the 5th, but I was wrong.

____

③ They watched the pandas in the zoo for an hour.

____

④ I know many famous sights in that country although I have never been there.

____

7. Put Chinese characters in the blanks to form correct words.

			故	昨	作			
		误				星		
	谅						武	打
以								谱
	城						剧	
		鼓	钢			心		
			琴	时	起			

8. Writing.

Hints: Answer the questions in the given order and then join your answers together to form a paragraph.

Questions: Do you like surfing on the Internet?
Do you have any cyber friends?
Do you think cyber friends trustworthy?

Key words: 上网 shàngwǎng　网友 wǎngyǒu　故事 gùshi　误会 wùhuì　却 què　下次 xià cì

9. Exercises on Chinese characters.

(1)

① Identify the components of each of the following Chinese characters.

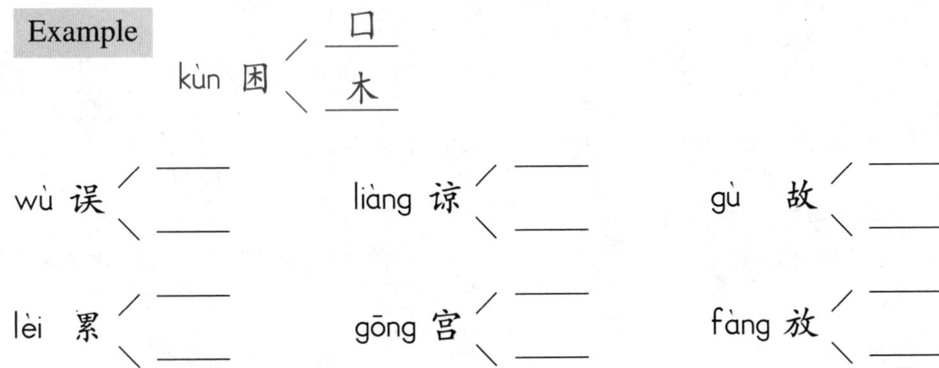

② Form Chinese characters by using the following given components.

Example 𦍌＋工→（chà 差）

厂＋白＋小→（　　）　　亦＋辶→（　　）

广＋良＋阝→（　　）　　力＋辶→（　　）

臣＋页→（　　）　　臣＋卜→（　　）

③ Write the characters by following the stroke order.

wǎng 网	网	网	网	网	网	网							
què 却	却	却	却	却	却	却	却						
wù 误	误	误	误	误	误	误	误	误	误				
lèi 累	累	累	累	累	累	累	累	累	累	累	累		
māo 猫	猫	猫	猫	猫	猫	猫	猫	猫	猫	猫	猫		
yí 颐	颐	颐	颐	颐	颐	颐	颐	颐	颐	颐	颐	颐	颐

(2)

① Change the character by adding two more strokes.

Example 力→为

天→　　干→　　令→

未→　　木→　　人→

② Add the missing stroke in the character.

Example 雨→雨

奶→　　闲→　　累→

特→　　蓝→　　颐→

③ Write characters by using the radicals given. Then compare with your classmates and see who can produce more characters than others.

Example 人→大、个、合……

山→

目→

辶→

氵→

Unit Three

Two Generations

9 我很烦

1. Combine the characters in the box into words and then write them in *Pinyin*.

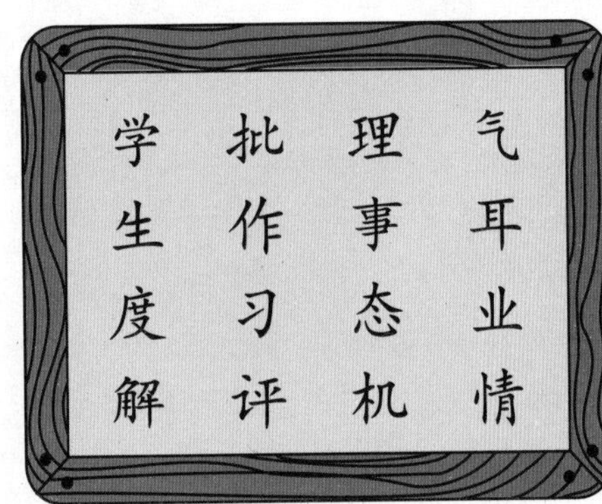

学	批	理	气
生	作	事	耳
度	习	态	业
解	评	机	情

(1) 学习 xuéxí (2) ______

(3) ______ (4) ______

(5) ______ (6) ______

(7) ______ (8) ______

2. Translation.

(1)

① xiū 修 to repair ② fán 烦 ______

③ líkāi 离开 ______ ④ fàngxué 放学 ______

⑤ shēngqì 生气 ______ ⑥ shìqing 事情 ______

⑦ pīpíng 批评 ______ ⑧ xīngqītiān 星期天 ______

(2)

① to study 学习 ② homework ______

③ to finish ______ ④ attitude ______

⑤ lazy ______ ⑥ headphone ______

3. Match the words in the left and right columns to form correct collocation.

已经 yǐjing	脸谱 liǎnpǔ
修 xiū	礼貌 lǐmào
感到 gǎndào	放学 fàngxué
画 huà	烦 fán
批评 pīpíng	滑板 huábǎn
有 yǒu	女儿 nǚ'ér

4. Fill in the blanks with the given words.

(1) 已经晚上11点了，你怎么（　才　）吃晚饭？

(2) 昨天早上王先生5点半（　　　）起床了。

(3) 美云10点（　　　）起床，她的爸爸批评了她。

(4) 李小龙5岁的时候（　　　）开始学汉语。

5. Answer the questions using the given words.

(1)

A: 昨天下午你几点离开学校的？

B: 昨天下午6点我才离开学校。

(6点　才)

(2)

A: 那场京剧什么时候结束的？

B: ______________________

(3点　就)

(3)

A: 最近安妮的身体怎么样？

B: ________________

(越来越…… 瘦)

(4)

A: 这几天香港的天气怎么样？

B: ________________

(越来越…… 热)

6. Find a suitable place in the sentence for the word in the parentheses.

(1) A 杰克 5 岁的时候 B 会 C 弹吉他了。(就)

B

(2) A 天黑的时候 B 马明 C 修好 D 他的滑板。(才)

____

(3) 你们学校 A 不 B 是 C 三点 D 放学了吗？(就)

____

(4) 王小雨 A 越来越 B 喜欢 C 上网 D 聊天了。(不)

____

7. Translation.

(1) Translate the following sentences into English.

① 下午杰克才修好他的滑板。

Jack did not finish fixing his skateboard until the afternoon.

② 李太太的女儿不到 3 点就回家了。

____

③ 我的朋友美云很小的时候就学会了拉小提琴。

____

④ 林先生5月就来到了香港。

____

(2) Translate the following sentences into Chinese.

① Mrs. Zhang did not leave the Chinese school until 6.

张老师6点才离开中文学校。

② Meiyun mastered English when she was less than five years of age.

____

③ Grandpa is getting more and more vexed.

____

④ She prefers to listen to music as she studies a foreign language.

____

8. Write a paragraph according to the pictures.

Key words:	烦	作业	批评	理解	学习	生气	态度
	fán	zuòyè	pīpíng	lǐjiě	xuéxí	shēngqì	tàidu

9. Exercises on Chinese characters.

(1) Identify the components of each of the following Chinese characters.

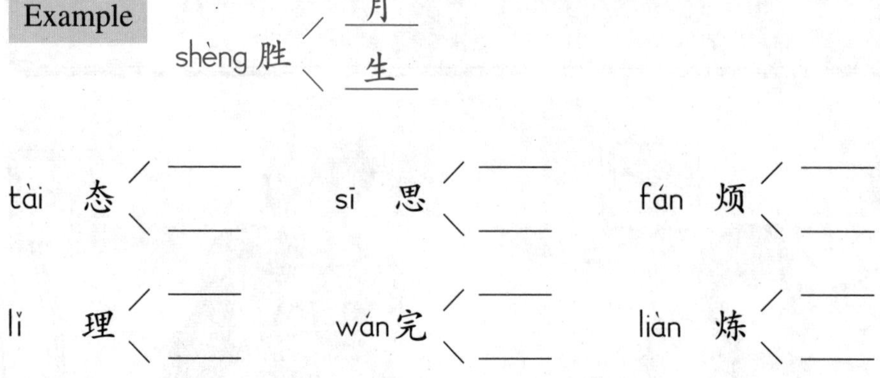

(2) Form Chinese characters by using the following given components.

Example 亦＋辶→（jì 迹）

角＋刀＋牛→（　　）　　广＋廿＋又→（　　）

扌＋⺊＋匕→（　　）　　忄＋束＋负→（　　）

(3) Write the characters by following the stroke order.

pī	批	批	批	批	批	批	批	批						
wán	完	完	完	完	完	完	完	完						
tài	态	态	态	态	态	态	态	态	态					
dù	度	度	度	度	度	度	度	度	度	度				
fán	烦	烦	烦	烦	烦	烦	烦	烦	烦	烦	烦			
lǎn	懒	懒	懒	懒	懒	懒	懒	懒	懒	懒	懒	懒	懒	懒
		懒	懒	懒										

10 男孩儿和女孩儿

1. Combine the characters in the box into words and then write them in *Pinyin*.

孩	帮	妻	顾
孙	照	批	门
对	星	期	助
评	子	天	儿

(1) 孩子 háizi　　(2) ________

(3) ________　　(4) ________

(5) ________　　(6) ________

(7) ________　　(8) ________

(9) ________

2. Translation.

(1)

① bào 抱　to embrace　　② sǐ 死 ________

③ zhàogù 照顾 ________　　④ qīzi 妻子 ________

⑤ nánháir 男孩儿 ________　　⑥ nǚháir 女孩儿 ________

(2)

① to help　帮助　　② grandson ________

③ son ________　　④ child ________

⑤ to leave ________　　⑥ to get angry ________

3. Match the words in the left and right columns to form correct collocation.

生 shēng	对门 duìmén
误会 wùhuì	出门 chūmén
退 tuì	学 xué
住在 zhùzài	孩子 háizi
放 fàng	票 piào
很早 hěn zǎo	朋友 péngyou

4. Decide whether the following expressions are true or false. Write T for true and F for false.

(1) 李太太的孩子已经二岁半了。 (F)

(2) 王先生的房间里有两张桌子。 (   )

(3) 小时候，李小龙在香港待了二年。 (   )

(4) 马明打算明年两月去北京旅游。 (   )

5. Answer the questions using the given words.

(1) 杰克来这个城市多长时间了？

杰克来这个城市才半年。

（才　半年）

(2) 教室里有多少学生？

____

（才　4个）

(3) 为什么安妮觉得那么饿呢？

____

（才　一片面包）

(4) 张先生的孙子几岁了？

____

（才　两岁半）

6. Find a suitable place in the sentence for the word in the parentheses.

(1) 李太太回到家时已经 A 三 B 点 C 了。（半）

C

(2) 去年夏天，刘老师学了 A 两 B 个 C 月 D 英语。（半）

____

(3) A 大龙 B 学了 C 一年汉语，怎么就说得这么好呢？（才）

____

(4) 那场音乐会时间 A 不长，B 一个半 C 小时。（才）

____

7. Translation.

(1) Translate the following sentences into English.

① 有些事情只有女孩儿才能干。

Some things can only be done by girls.

② 张先生每天很早就起床，很晚才回家。

____

③ 李太太打算再生一个孩子。

____

④ 邻居告诉大家她的女儿最近生病了，总是咳嗽。

____

(2) Translate the following sentences into Chinese.

① Everyone says that Mrs. Zhang's daughter is very bright.

大家都说张太太的女儿很聪明。

② My friends can do it, but I can't.

____

③ Aren't boys and girls the same?

____

④ I live right across from Mr. Wang.

____

8. Writing.

Hints: Answer the questions in the given order and then join your answers together to form a paragraph.

Questions: How many children do your parents have?
Are they boys or girls?
Do you think boys are better than girls or vice versa?
Do your parents prefer boys or girls?

Key words:	家 jiā	生孩子 shēng hái zi	男孩儿 nánháir	女孩儿 nǚ háir	帮助 bāngzhù

9. Exercises on Chinese characters.

(1) Identify the components of each of the following Chinese characters.

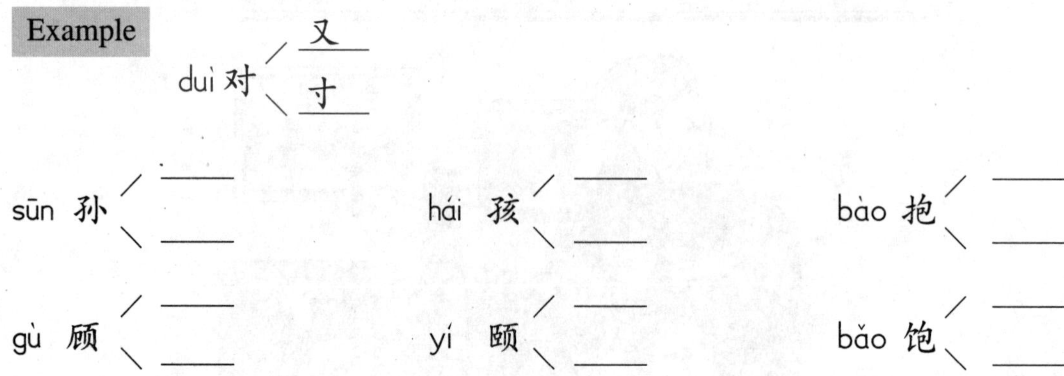

(2) Form Chinese characters by using the following given components.

Example 田＋糸→ （lèi 累）

⺻＋女→（　　）　　　　一＋夕＋匕→（　　）

𣍃＋匕＋匕＋灬→（　　）　　　　日＋刀＋口＋灬→（　　）

(3) Write the characters by following the stroke order.

sǐ 死	死	死	死	死	死	死		
sūn 孙	孙	孙	孙	孙	孙	孙		
zhāng 张	张	张	张	张	张	张	张	
bào 抱	抱	抱	抱	抱	抱	抱	抱	抱
qī 妻	妻	妻	妻	妻	妻	妻	妻	妻

11 我该怎么办

1. Combine the characters in the box into words and then write them in *Pinyin*.

担	要	保	夜
房	过	听	了
密	自	心	己
解	间	求	话

(1) 担心 dānxīn　　(2) ______

(3) ______　　(4) ______

(5) ______　　(6) ______

(7) ______　　(8) ______

2. Translation.

(1)

① qiú 求 to beg　　② duǒ 躲 ______

③ zìjǐ 自己 ______　　④ nàge 那个 ______

⑤ fángjiān 房间 ______　　⑥ liǎojiě 了解 ______

⑦ dānxīn 担心 ______　　⑧ xīngqīliù 星期六 ______

(2)

① to keep secret 保密　　② this ______

③ to ask ______　　④ to look after ______

⑤ to die ______　　⑥ wife ______

3. Match the words in the left and right columns to form correct collocation.

非常 fēicháng	保密 bǎomì
关心 guānxīn	情况 qíngkuàng
躲进 duǒjìn	爷爷 yéye
了解 liǎojiě	担心 dānxīn
对人 duì rén	房间 fángjiān

4. Answer the questions using the given words.

(1)

那个警察在做什么？

那个警察在对开车的人说话。______（对）

(2)

安妮决定做什么？

______

（对　保密）

(3)

跟以前比，王先生的女儿怎么样？

______

（没有　听话）

(4)

和昨天比，今天的天气怎么样？

______

（没有　冷）

5. Choose the correct words to complete these sentences.

(1) 了　的

我的女儿越来越不听话（　　）。

(2) 跟　对

李大龙（　　）音乐很感兴趣。

(3) 没有　比

王太太的女儿（　　）小的时候更漂亮了。

(4) 没有　比

北京的夏天（　　）香港的夏天那么热。

6. Find a suitable place in the sentence for the word in the parentheses.

(1) 6点半的时候A，天已经B黑C。（了）

C

(2) 这件事A你一定B要C他D保密。（对）

____

(3) A王小雨B的妹妹C她长得高。（比）

____

(4) A我的衣服B美云的衣服C时髦。（没有）

____

7. Translation.

(1) Translate the following sentences into English.

① 美云打算对别人保密。

Meiyun wants to keep it a secret to others.

② 今天的天气没有昨天那么冷了。

____

③ 妹妹没有以前听话了。

____

④ 张太太已经快50岁了，但她还在学习。

____

(2) Translate the following sentences into Chinese.

① Headmaster Lin is talking to the students.

林校长正在对学生说话。

② The basketball match is over.

____

③ He does not have as many friends as Meiyun does.

____

④ This car does not run as fast as that one.

____

8. Writing.

Hints: Answer the questions in the given order and then join your answers together to form a paragraph.

Questions: Do you often keep something as a secret?

What kind of things do you likely keep secrets to your parents?

Why?

Key words: 躲 duǒ 保密 bǎomì 听话 tīnghuà 担心 dānxīn 告诉 gàosu 房间 fángjiān

9. Exercises on Chinese characters.

(1) Identify the components of each of the following Chinese characters.

Example bào 抱 ⟨ 扌 / 包

dān 担 ⟨ ______ / ______

xiē 些 ⟨ ______ / ______

yuè 越 ⟨ ______ / ______

máo 髦 ⟨ ______ / ______

(2) Form Chinese characters by using the following given components.

Example 户＋方→（fáng 房）

⺮＋目＋廾→（　　）　　宀＋必＋山→（　　）

氵＋西＋示→（　　）　　身＋几＋木→（　　）

(3) Write the characters by following the stroke order.

qiú	求	求	求	求	求	求	求	求						
dān	担	担	担	担	担	担	担	担	担					
xiē	些	些	些	些	些	些	些	些	些					
bǎo	保	保	保	保	保	保	保	保	保	保				
mì	密	密	密	密	密	密	密	密	密	密	密	密		
jiě	解	解	解	解	解	解	解	解	解	解	解	解	解	解

12 望子成龙

1. Combine the characters in the box into words and then write them in *Pinyin*.

父	国	机	例
会	理	公	识
知	汉	际	字
如	司	母	想

(1) 父母 fùmǔ (2) ______

(3) ______ (4) ______

(5) ______ (6) ______

(7) ______ (8) ______

2. Translation.

(1)

① jiànkāng 健康 healthy ② xìngfú 幸福 ______

③ shēnghuó 生活 ______ ④ jìchéng 继承 ______

⑤ fùmǔ 父母 ______ ⑥ gōngsī 公司 ______

⑦ zhuānyè 专业 ______ ⑧ màoyì 贸易 ______

(2)

① computer 计算机 ② career ______

③ chance ______ ④ Chinese character ______

⑤ aspiration ______ ⑥ major ______

⑦ trade ______ ⑧ to read ______

3. Match the words in the left and right columns to form correct collocation.

身体 shēntǐ	专业 zhuānyè
继承 jìchéng	古诗 gǔshī
生活 shēnghuó	大学 dàxué
名牌 míngpái	健康 jiànkāng
国际 guójì	事业 shìyè
写 xiě	幸福 xìngfú
计算机 jìsuànjī	贸易 màoyì

4. Choose the correct words from the list to complete these sentences.

就　越　比　对　跟　才　把　没有

(1) 王先生（　　）上网的事情怎么看？

(2) 医生说天气（　　）冷越容易感冒。

(3) 马明说越难学的专业他（　　）喜欢学。

(4) 美云3岁的时候她妈妈（　　）让她学习英语。

(5) 我觉得国际贸易专业（　　）那个专业那么难学。

(6) 爷爷的身体（　　）奶奶的身体健康得多。

5. Find a suitable place in the sentence for the word in the parentheses.

(1) A安妮B八岁的时候C开始D学习计算机了。(就)

C

(2) 父母都A希望B自己的孩子C生活D幸福。(得)

______

(3) 安妮不A喜欢她妈妈B给她C买的衣服了。(再)

____

(4) 那个孩子A十岁的时候B才C学D系鞋带。(会)

____

6. Translation.

(1) Translate the following sentences into English.

① 父母都希望自己的孩子健康。

All parents wish their children could have good health.

② 刘先生要让他的儿子学习计算机专业。

____

③ 知识越多越好。

____

④ 你对这个问题怎么想?

____

(2) Translate the following sentences into Chinese.

① I wish my friends happy lives.

我祝我的朋友生活得幸福。

② Parents should let children do whatever they want to.

____

③ Mrs. Lee did not get a chance to go to university when she was young.

____

④ What does Meiyun think of the hopes her parents have on her?

____

7. Put Chinese characters in the blanks to form correct words.

			机	业	理			
	汉	学			解	气		
	字						孩	
识								照
	父						担	
		康				自		
			房	密	了			

8. Write a paragraph according to the picture.

Key words: 事业 shìyè　知识 zhīshi　幸福 xìngfú　生活 shēnghuó　例如 lì rú　专业 zhuānyè

9. Exercises on Chinese characters.

(1)

① Identify the components of each of the following Chinese characters.

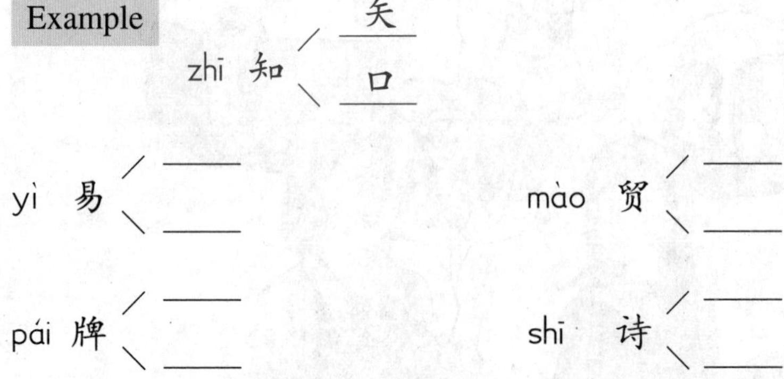

② Form Chinese characters by using the following given components.

Example 女＋口→（rú 如）

纟＋迷→（　　）　　阝＋示→（　　）

亻＋聿＋廴→（　　）　　礻＋一＋口＋田→（　　）

③ Write the characters by following the stroke order.

zhuān 专	专	专	专	专								
mǔ 母	母	母	母	母	母							
xìng 幸	幸	幸	幸	幸	幸	幸	幸	幸				
chéng 承	承	承	承	承	承	承	承	承				
mào 贸	贸	贸	贸	贸	贸	贸	贸	贸	贸			
jiàn 健	健	健	健	健	健	健	健	健	健	健		
pái 牌	牌	牌	牌	牌	牌	牌	牌	牌	牌	牌	牌	牌

(2) Choose any three strokes from the given ones to form a character. Then compare with your classmates and see who can produce more characters than others.

① (㇔ 一 丨 丿 ㇏ ㇀ ㇖ ㇗ 乙)

Example 三、川、山、小……

② Circle and correct the wrong characters.

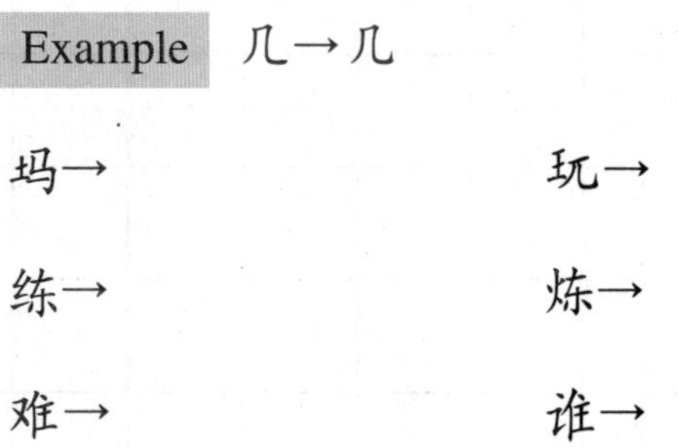

③ Write characters by using the radicals given. Then compare with your classmates and see who can produce more characters than others.

Example 亻→住、什、仅……

女→

扌→

日→

月→

④ Supply *Pinin* for the following characters with similar forms.

Example 孩 hái 该 gāi

(1) 借 ______ 惜 ______ (2) 丢 ______ 去 ______

(3) 题 ______ 提 ______ (4) 昨 ______ 作 ______

(5) 意 ______ 音 ______ (6) 决 ______ 块 ______

Unit Four

Different Cultures

婚礼的“颜色”

1. Combine the characters in the box into words and then write them in *Pinyin*.

知	开	蜡	娘
西	另	恭	方
新	阿	道	烛
喜	外	姨	张

(1) 知道 zhīdao (2) ______

(3) ______ (4) ______

(5) ______ (6) ______

(7) ______ (8) ______

2. Translation.

(1)

① nàbiān 那边 there ② kuā 夸 ______

③ xīnniáng 新娘 ______ ④ làzhú 蜡烛 ______

⑤ xīfāng 西方 ______ ⑥ jiǎo 脚 ______

⑦ huār 花儿 ______ ⑧ āyí 阿姨 ______

(2)

① lantern 灯笼 ② in addition ______

③ body ______ ④ to know ______

⑤ firecracker ______ ⑥ bridegroom ______

3. Match the words in the left and right columns to form correct collocation.

放 fàng	花儿 huār
恭喜 gōngxǐ	婚礼 hūnlǐ
挂 guà	喜事 xǐshì
穿 chuān	鞭炮 biānpào
办 bàn	新娘 xīnniáng
举行 jǔxíng	灯笼 dēnglong
戴 dài	皮鞋 píxié

4. Answer the questions using the given words.

(1)

A: 新娘身上穿着什么衣服?

B: 新娘身上穿着旗袍。

(着　旗袍)

(2)

A: 那家饭馆旁边挂着什么?

B: ______________________

(着　灯笼)

(3)

A: 王小雨问舅舅她应该对新郎说什么。

B: ______________________

(对　恭喜)

5. Find a suitable place in the sentence for the word in the parentheses.

(1) 这个周末大卫A想去B唐人街逛C。(逛)

C

(2) 我看A见路边B站C很多的人。(着)

____

(3) A说中国人的婚礼B是红色的，C那么西方人的婚礼就是白色的。(如果)

____

(4) 星期六爸爸如果不去钓鱼，A我B也C不D去了。(就)

____

6. Translation.

(1) Translate the following sentences into English.

① 王小雨穿着一件很瘦的旗袍。

Wang Xiaoyu is in a very tight cheongsam.

② 那张桌子上放着一本故事书。

____

③ 在婚礼上很多人都对新娘说“恭喜恭喜”。

____

④ 如果你去王家明家过中国的新年，你就可以放鞭炮。

____

(2) Translate the following sentences into Chinese.

① Wang Jiaming is in a pair of sports shoes today.

____

② There is a map of China on the wall of my room.

____

③ People set off firecrackers for celebrations in that country.

____

④ Mrs. Zhang always praises her daughter.

____

7. Write a paragraph according to the picture.

Key words: 喜事 xǐ shì　鞭炮 biānpào　灯笼 dēnglong　恭喜 gōng xǐ　新娘 xīnniáng　花儿 huār

8. Exercises on Chinese characters.

(1) Identify the components of each of the following Chinese characters.

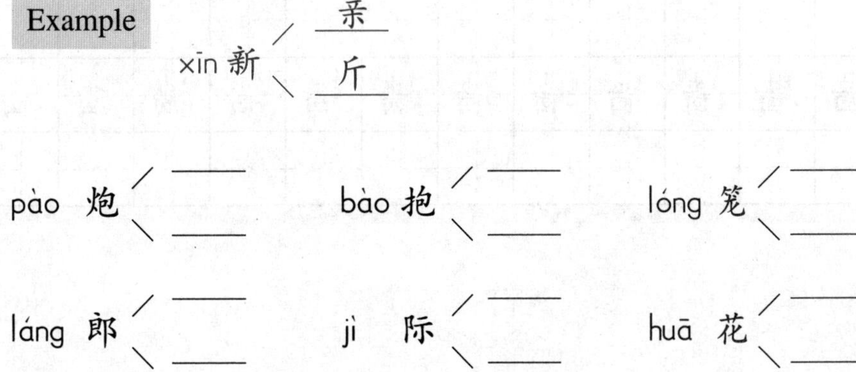

(2) Form Chinese characters by using the following given components.

Example 亻＋呆→（bǎo 保）

女＋夷→（　　）　　女＋良→（　　）

共＋小→（　　）　　大＋亏→（　　）

口＋向→（　　）　　扌＋四＋去→（　　）

(3) Write the characters by following the stroke order.

kuā 夸	夸	夸	夸	夸	夸	夸								
pào 炮	炮	炮	炮	炮	炮	炮	炮	炮	炮					
yí 姨	姨	姨	姨	姨	姨	姨	姨	姨	姨					
gōng 恭	恭	恭	恭	恭	恭	恭	恭	恭	恭	恭				
xǐ 喜	喜	喜	喜	喜	喜	喜	喜	喜	喜	喜	喜	喜		
bǎi 摆	摆	摆	摆	摆	摆	摆	摆	摆	摆	摆	摆	摆	摆	
qiáng 墙	墙	墙	墙	墙	墙	墙	墙	墙	墙	墙	墙	墙	墙	墙

14 不同的节日，同样的祝贺

1. Combine the characters in the box into words and then write them in *Pinyin*.

传	性	朗	意
或	满	吉	节
开	人	统	们
利	过	者	格

(1) 传统 chuántǒng (2) ______

(3) ______ (4) ______

(5) ______ (6) ______

(7) ______ (8) ______

2. Translation.

(1)

① jì 寄 to post ② qiān 千 ______

③ zhòngyào 重要 ______ ④ huòzhě 或者 ______

⑤ mǎnyì 满意 ______ ⑥ guòjié 过节 ______

⑦ xìnggé 性格 ______ ⑧ chuántǒng 传统 ______

(2)

① to guess 猜 ② each year ______

③ sanguine ______ ④ to play a joke ______

⑤ to paste ______ ⑥ auspicious ______

3. Match the left and right columns to form correct collocation.

寄 jì	春联 chūnlián
开 kāi	节日 jiérì
贴 tiē	吉利 jílì
过 guò	贺卡 hèkǎ
性格 xìnggé	玩笑 wánxiào
事情 shìqing	开朗 kāilǎng

4. Decide whether the following expressions are true or false. Write T for ture and F for false.

(1) 王小雨写汉字写得很好。 (T)

(2) 安妮的爷爷讲故事得很有意思。 ( )

(3) 我妈妈年轻的时候读书得非常多。 ( )

(4) 王太太做饭做得不错。 ( )

5. Complete the sentences using the given words.

(1) 马明的弟弟打篮球

打得很好________。(打 得)

(2) 王太太打电话的时候说话

________。(说 得)

(3) 安妮今天晚上

__________。(要　作业)

(4) 李小龙明天

__________。(要　贺卡)

6. Find a suitable place in the sentence for the word in the parentheses.

(1) 那条街道上A每天都B塞车C塞D厉害。(得)

D

(2) 那个孩子放鞭炮A得B很C高兴。(放)

______

(3) 中国人A举行传统婚礼时，B新娘C穿D红色的衣服。(要)

______

(4) 王先生对他的儿子说，A如果去B看爷爷C带上礼物。(要)

______

7. Translation.

(1) Translate the following sentences into English.

① 李太太的女儿和网友聊天聊得很愉快。

Mrs. Lee's daughter had a nice chat with her cyber friends.

② 今天王太太买东西买得特别多。

____

③ 外面下着大雨，你出去时要带上雨伞。

____

④ 妈妈对孩子说，8 点之前一定要把作业做完。

____

(2) Translate the following sentences into Chinese.

① That child wrote the congratulatory card very carefully.

那个孩子写贺卡写得非常认真。

② The Chinese Spring Festival scrolls have a history of over 1000 years.

____

③ Meiyun's grandpa is busy writing Spring Festival scrolls.

____

④ She sent her cyber friend a congratulatory card.

____

8. Writing.

Hints: Answer the questions in the given order and then join your answers together to form a paragraph.

Questions: Have you seen people set off firecrackers and put on Spring Festival scrolls?
Do you like them?
What do you think is special about these customs?
Are there any similar customs in your country?

Key words:

重要	传统	吉利	过节	热闹	春联	鞭炮
zhòngyào	chuántǒng	jí lì	guòjié	rènao	chūnlián	biānpào

9. Exercises on Chinese characters.

(1) Identify the components of each of the following Chinese characters.

Example

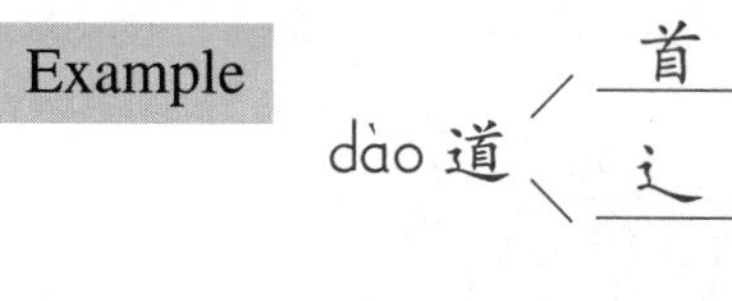

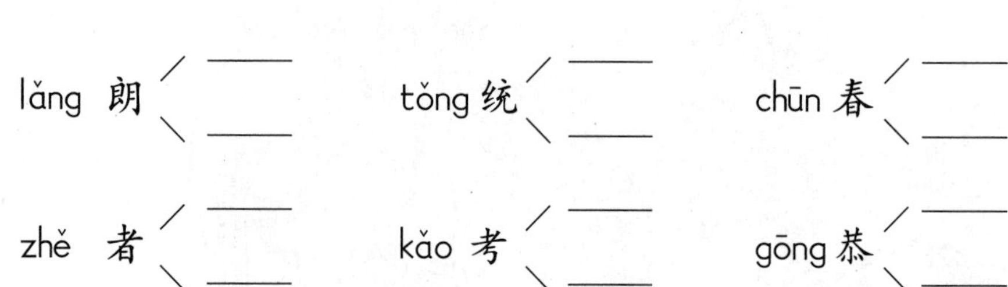

(2) Form Chinese characters by using the following given components.

Example 亻＋专→（chuán 传）

犭＋龶＋月→（　　）　　　氵＋艹＋两→（　　）

宀＋大＋可→（　　）　　　纟＋充→（　　）

(3) Write the characters by following the stroke order.

tiē	贴	贴	贴	贴	贴	贴	贴	贴	贴	贴			
tǒng	统	统	统	统	统	统	统	统	统	统			
lǎng	朗	朗	朗	朗	朗	朗	朗	朗	朗	朗	朗		
jì	寄	寄	寄	寄	寄	寄	寄	寄	寄	寄	寄	寄	
cāi	猜	猜	猜	猜	猜	猜	猜	猜	猜	猜	猜	猜	
lián	联	联	联	联	联	联	联	联	联	联	联	联	联

15 你更喜欢吃哪一种菜

1. Combine the characters in the box into words and then write them in *Pinyin*.

习	往	使	请
客	挣	点	筷
惯	子	民	往
族	用	菜	钱

(1) 习惯 xíguàn (2) ________

(3) ________ (4) ________

(5) ________ (6) ________

(7) ________ (8) ________

2. Translation.

(1)

① yǐnshí 饮食 diet ② mínzú 民族 ________

③ zhōngjiān 中间 ________ ④ shǐyòng 使用 ________

⑤ qǐngkè 请客 ________ ⑥ cānjù 餐具 ________

⑦ zhèngqián 挣钱 ________ ⑧ kuàizi 筷子 ________

(2)

① knife 刀 ② fork ________

③ to taste ________ ④ to get used to ________

⑤ France ________ ⑥ Europe ________

3. Match the words in the left and right columns to form correct collocation.

点 diǎn	客 kè
请 qǐng	菜 cài
挣 zhèng	饭馆 fànguǎn
开 kāi	钱 qián
猜 cāi	意思 yìsi

4. Answer the questions using the given words.

(1)

A: 美云，你的网友很多吗？

B: 不多，我有四五个网友＿＿＿＿。

（四　五）

(2)

A: 小雨，你吃过中国菜吗？

B: ＿＿＿＿＿＿＿＿＿＿＿＿。

（过）

(3)

A: 美云，你去过那家法国饭馆吗？

B: ＿＿＿＿＿＿＿＿＿＿＿＿。

（没　过）

(4)

A: 杰克，你用过筷子吗？

B: ＿＿＿＿＿＿＿＿＿＿＿＿。

（没　过）

5. Find a suitable place in the sentence for the word in the parentheses.

(1) 安妮的妈妈没A去B中国C旅游D。(过)

D

(2) 李先生A很小的时候B就在上海C住D。(过)

____

(3) 美云的朋友决定先A挣钱，然后B买C房子。(再)

____

(4) A昨天晚上B我C吃了中国菜，是我叔叔D请的客。(刚)

____

6. Translation.

(1) Translate the following sentences into English.

① 我以前从来没做过水果沙拉。

I have not made fruit salads before.

② 这个城市最近流行吃日本菜。

③ 马明的叔叔请过他的客吗？

④ 李太太去过欧洲的五六个城市。

(2) Translate the following sentences into Chinese.

① I have not heard of Sichuan cuisine.

我从来没听说过川菜。

② Blue clothes are in style this summer.

____

③ People here are not used to eating with forks and knives.

____

④ Two or three athletes in our class will take part in the match tomorrow.

____

7. Write a paragraph according to the picture.

Key words:	点菜 diǎncài	尝 cháng	请客 qǐngkè	习惯 xíguàn	夹 jiā	筷子 kuàizi

8. Exercises on Chinese characters.

(1) Identify the components of each of the following Chinese characters.

(2) Form Chinese characters by using the following given components.

Example 饣＋𠂉＋人→（yǐn 饮）

占＋灬→（　　）　　又＋丶→（　　）

⺮＋忄＋夬→（　　）　　忄＋母＋贝→（　　）

方＋𠂉＋矢→（　　）　　方＋𠂉＋民→（　　）

(3) Write the characters by following the stroke order.

dāo	刀	刀	刀											
chā	叉	叉	叉	叉										
mín	民	民	民	民	民	民								
jiā	夹	夹	夹	夹	夹	夹	夹							
zhuā	抓	抓	抓	抓	抓	抓	抓	抓						
cháng	尝	尝	尝	尝	尝	尝	尝	尝	尝	尝				
kuài	筷	筷	筷	筷	筷	筷	筷	筷	筷	筷	筷	筷	筷	筷

16 什么礼物最吉利

1. Combine the characters in the box into words and then write them in *Pinyin*.

亲	雨	些	包
欧	红	以	钟
这	流	戚	洲
闹	为	行	伞

(1) 亲戚 qīnqi　(2) ______

(3) ______　(4) ______

(5) ______　(6) ______

(7) ______　(8) ______

2. Translation.

(1)

① xiǎng 想 to think　② sǎn 伞 ______

③ qīnqi 亲戚 ______　④ nàozhōng 闹钟 ______

⑤ zhèxiē 这些 ______　⑥ háizi 孩子 ______

⑦ shǐyòng 使用 ______　⑧ yǐnshí 饮食 ______

(2)

① or 或者　② to guess ______

③ satisfied ______　④ tradition ______

⑤ important ______　⑥ to celebrate a festival ______

3. Match the words in the left and right columns to form correct collocation.

送 sòng	亲戚 qīnqi
看 kàn	宠物 chǒngwù
养 yǎng	鞭炮 biānpào
吃 chī	礼物 lǐwù
放 fàng	早餐 zǎocān

4. Answer the questions using the given words.

(1)

A: 美云疑惑什么？

B: 美云不知道应该送给朋友什么礼物。

（礼物）

(2)

A: 为什么王太太觉得不能送给亲戚闹钟？

B: ______

（吉利）

(3)

A: 他的朋友们希望收到什么礼物？

B: ______

（红包）

(4)

A: 看到那本书，王先生为什么笑了？

B: ______

（想起）

5. Find a suitable place in the sentence for the word in the parentheses.

(1) 我打算A送B安妮C一件小礼物。(给)

B

(2) A过春节的时候，B李小龙收C两个红包。(到)

______

(3) 看A到这件漂亮的礼物，安妮就B想C了她奶奶。(起)

______

(4) 你A去B那家日本饭馆C吃D饭吗？（过）

______

6. Translation.

(1) Translate the following sentences into English.

① 在中国，有些人认为送给人钟是不吉利的。

In China, giving someone a clock is considered unlucky.

② 爷爷想起了那愉快的一天。

______

③ 这件奇怪的事情我没听说过。

______

④ 我过生日的时候，常常收到亲戚们给我的红包。

______

(2) Translate the following sentences into Chinese.

① Meiyun plans to visit one of her relatives next weekend.

下个周末美云想去看她的亲戚。

② In that country, red is regarded a lucky color.

____

③ Mary will think of her grandpa whenever she sees these gifts.

____

④ Is it going to rain or snow tomorrow?

____

7. Put Chinese characters in the blanks to form correct words.

			戚	蜡	吉			
	闹	钟		烛		性		
	族						重	
餐								统
	习						或	
		欧				满		
			饮	挣	往			

8. Writing.

Hints: Answer the questions in the given order and then join your answers together to form a paragraph.

Questions: What are the lucky numbers, gifts or colors in the area or country where you live? Why?
Which of them do you like?

9. Exercises on Chinese characters.

(1)

① Identify the components of each of the following Chinese characters.

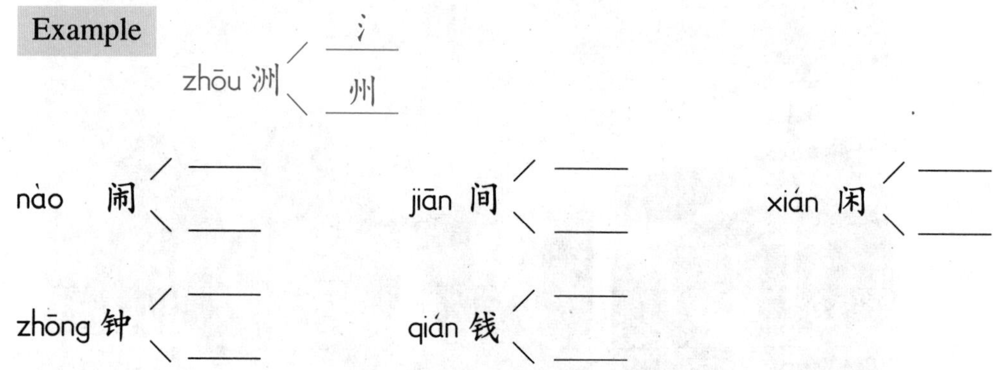

② Form Chinese characters by using the following given components.

Example 亻＋聿＋廴→（jiàn 健）

力＋口＋贝→（　　）　　亻＋匕＋贝→（　　）

关＋辶→（　　）　　寸＋辶→（　　）

③ Write the characters by following the stroke order.

sǎn	伞
ān	安
nào	闹
qīn	亲
zhōng	钟
qī	戚

(2)

① Add the missing stroke in the character.

Example 呪→呢

哪→　　那→　　弟→

第→　　将→　　特→

② Circle and correct the wrong characters.

或 ________	成 ________
娃 ________	性 ________
卖 ________	实 ________

③ Write characters by using the radicals given. Then compare with your classmates and see who can produce more characters than others.

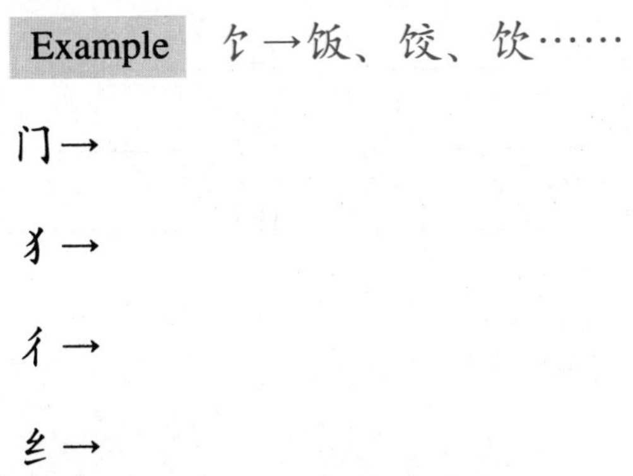

Example 饣→饭、饺、饮……

门→

犭→

彳→

纟→

④ Supply *Pinyin* for the following characters with similar forms.

Example 买 mǎi　　卖 mài

(1) 牛 ________ 午 ________　　(2) 心 ________ 必 ________

(3) 己 ________ 已 ________　　(4) 全 ________ 金 ________

(5) 李 ________ 季 ________　　(6) 旅 ________ 族 ________

Unit Five

Diet and Health

17 我把菜谱带来了

1. Combine the characters in the box into words and then write them in *Pinyin*.

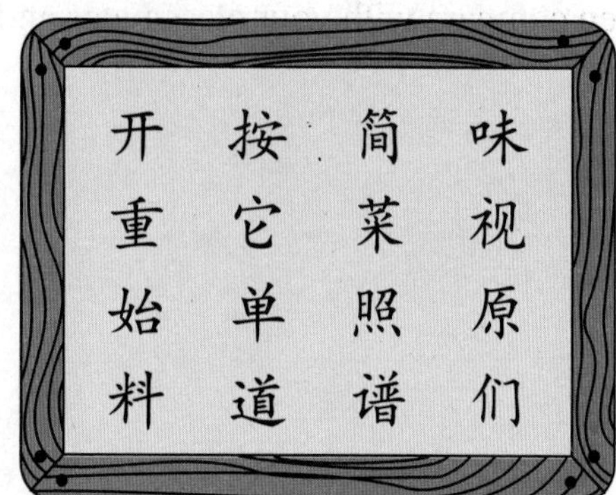

(1) 开始 kāishi　　(2) ________

(3) ________　　(4) ________

(5) ________　　(6) ________

(7) ________　　(8) ________

2. Translation.

(1)

① càipǔ 菜谱 recipe　　② wèidao 味道 ________

③ kāishǐ 开始 ________　　④ tāmen 它们 ________

⑤ jiǎndān 简单 ________　　⑥ fāngkuài 方块 ________

⑦ zhòngshì 重视 ________　　⑧ méi guānxi 没关系 ________

(2)

① fish 鱼　　② chilli ________

③ to cut ________　　④ pot ________

⑤ to teach ________　　⑥ according to ________

3. Match the words in the left and right columns to form correct collocation.

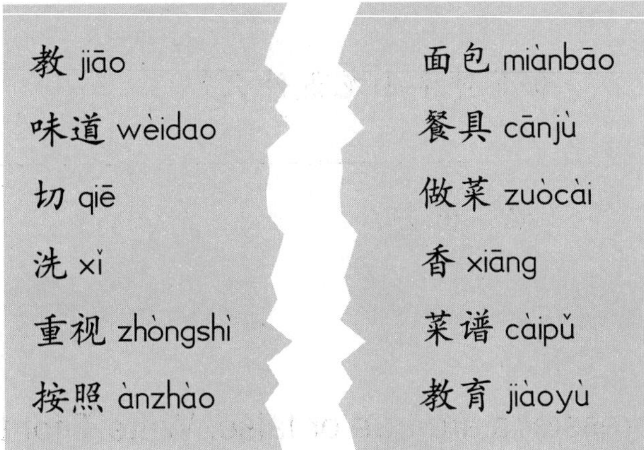

教 jiāo	面包 miànbāo
味道 wèidao	餐具 cānjù
切 qiē	做菜 zuòcài
洗 xǐ	香 xiāng
重视 zhòngshì	菜谱 càipǔ
按照 ànzhào	教育 jiàoyù

4. Answer the questions using the given words.

(1)

李老师带来了什么？

李老师把地图带来了。

（把　来）

(2)

王太太让马明带去什么？

____

（把　去）

(3)

安妮对奶奶说什么？

____

（把　过来）

(4)

爷爷对李小龙说什么？

____

（把　出去）

5. Decide whether the following expressions are true or false. Write T for true and F for false.

(1) 妈妈已经把亲戚们送去出了。（ F ）

(2) 请把茶杯拿过来，好吗？（　　）

(3) 王先生让王太太下班以后把菜来买。（　　）

(4) 你应该然后准备好佐料，再开始做菜。（　　）

6. Find a suitable place in the sentence for the word in the parentheses.

(1) A奶奶问妈妈是不是B菜C切好了。(把)

B

(2) 杰克打算下午A把那只小狗B给安妮C送D。(去)

______

(3) 马明在电话里告诉我A，B让我C把那本书拿D。(来)

______

(4) 老师A对小雨B说C忘了明天D把作业交来。(别)

______

7. Translation.

(1) Translate the following sentences into English.

① 你把面包切好了吗？

Have you cut up the bread?

② 妈妈让美云把菜谱拿到厨房里来。

____

③ 李先生已经把文章写完了。

____

④ 你把那张报纸读完了吗?

____

(2) Translate the following sentences into Chinese.

① You should give him a call before you go to his home.

你应该先给他打电话，然后再去他家。

② Meiyun, have you cut up the bean curd?

____

③ This dish tastes both sour and spicy.

____

④ Mrs. Zhang is cooking by referring to the recipe.

____

8. Write a paragraph according to the picture.

Key words:	切	方块	辣	按照	菜谱
	qiē	fāngkuài	là	ànzhào	càipǔ

9. Exercises on Chinese characters.

(1) Identify the components of each of the following Chinese characters.

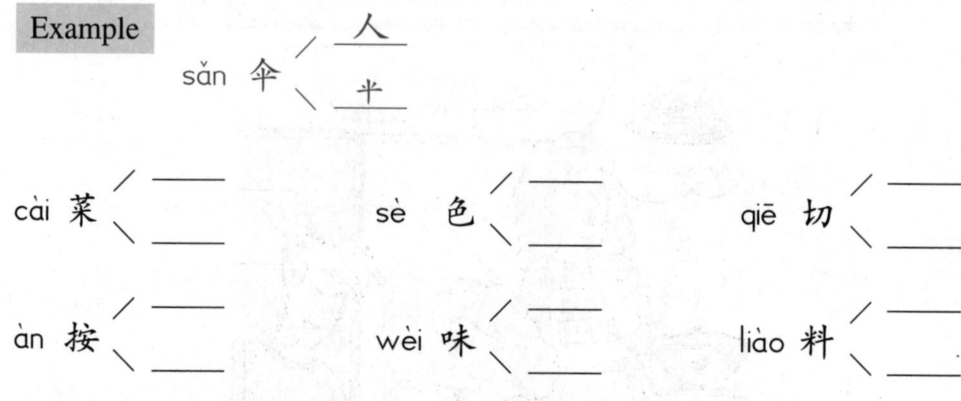

(2) Form Chinese characters by using the following given components.

Example　力＋口＋贝→（hè 贺）

⺈＋田＋一→（　　）　　⺮＋门＋日→（　　）

广＋木＋木→（　　）　　氵＋皮＋女→（　　）

(3) Write the characters by following the stroke order.

qiē	切	切	切	切	切									
yú	鱼	鱼	鱼	鱼	鱼	鱼	鱼	鱼	鱼					
jiāo	教	教	教	教	教	教	教	教	教	教	教	教		
guō	锅	锅	锅	锅	锅	锅	锅	锅	锅	锅	锅	锅	锅	
jiǎn	简	简	简	简	简	简	简	简	简	简	简	简	简	简
là	辣	辣	辣	辣	辣	辣	辣	辣	辣	辣	辣	辣	辣	辣
		辣												
fǔ	腐	腐	腐	腐	腐	腐	腐	腐	腐	腐	腐	腐	腐	腐
		腐												

18 一次体检

1. Combine the characters in the box into words and then write them in *Pinyin*.

体	严	新	院
医	呼	空	健
重	检	吃	气
康	惊	鲜	吸

(1) 体检 tǐjiǎn　　(2) ________

(3) ________　　(4) ________

(5) ________　　(6) ________

(7) ________　　(8) ________

2. Translation.

(1)

① jiéguǒ 结果 result　　② chījīng 吃惊 ________

③ shēngqì 生气 ________　　④ tǐjiǎn 体检 ________

⑤ yánzhòng 严重 ________　　⑥ yīyuàn 医院 ________

⑦ jiāowài 郊外 ________　　⑧ hūxī 呼吸 ________

(2)

① lung 肺　　② to think ________

③ attitude ________　　④ air ________

⑤ cigarette ________　　⑥ alcoholic drink ________

⑦ blood ________　　⑧ health ________

3. Match the words in the left and right columns to form correct collocation.

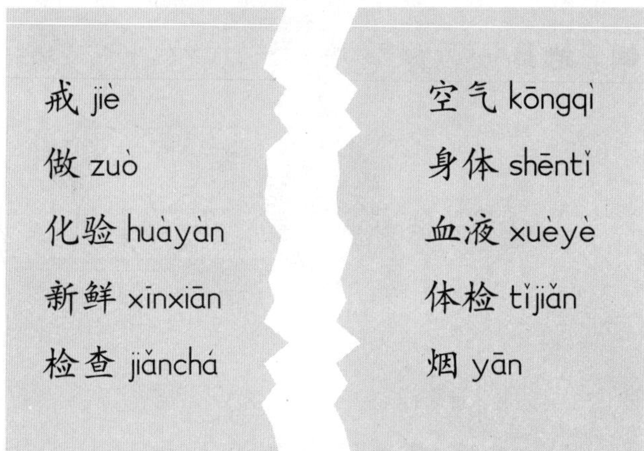

戒 jiè	空气 kōngqì
做 zuò	身体 shēntǐ
化验 huàyàn	血液 xuèyè
新鲜 xīnxiān	体检 tǐjiǎn
检查 jiǎnchá	烟 yān

4. Decide whether the following expressions are true or false. Write T for true and F for false.

(1) 前天下午2点小雨的爸爸见到了李医生。(T)

(2) 刚才我在路上看安妮在跑步。(　　)

(3) 你能听马路上汽车的声音吗？(　　)

(4) 在那家书店，我终于找到了我喜欢的漫画书。(　　)

5. Find a suitable place in the sentence for the word in the parentheses.

(1) 王太太在A医院B看C了D自己的化验结果。(到)

C

(2) A房间里这么暗，B你能看C得D吗？(见)

____

(3) 医生问A李先生，如果让他戒烟，他B能做C到D吗？（得）

______

(4) 王家明觉得自己身体不错，他A认为医生B说C太严重了。（得）

______

6. Translation.

(1) Translate the following sentences into English.

① 星期五学生们要做一次体检。

The students are going to have a physical examination on Friday.

② 医生建议爷爷戒烟。

______

③ 你见到自己的化验结果了吗？

______

④ 女儿经常咳嗽，张太太觉得问题很严重。

______

(2) Translate the following sentences into Chinese.

① There is a little problem with Mr. Zhang's heart.

张先生的心脏有点儿问题。

② I'm fine in here. Don't make a fuss.

______

③ How is the result of your physical examination?

____

④ She should often go to the suburbs to get some fresh air.

____

7. Writing.

Hints: Describe one of your experiences of taking physical examination in the hospital. What did you have examined first? What next? What tests did you have? What were the results?

Key words:	体检	化验	血液	结果	建议	呼吸
	tǐjiǎn	huàyàn	xuèyè	jiéguǒ	jiànyì	hūxī

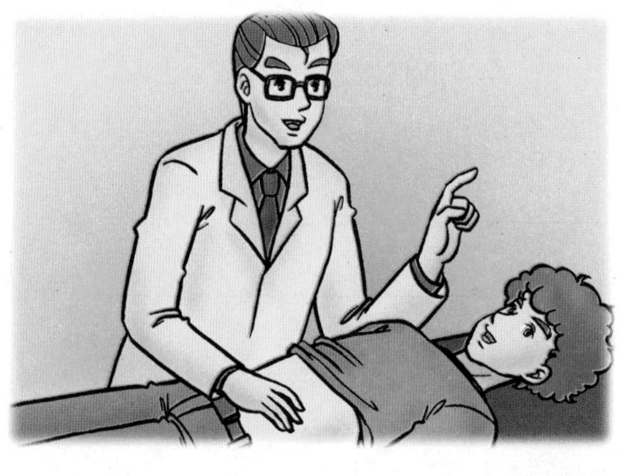

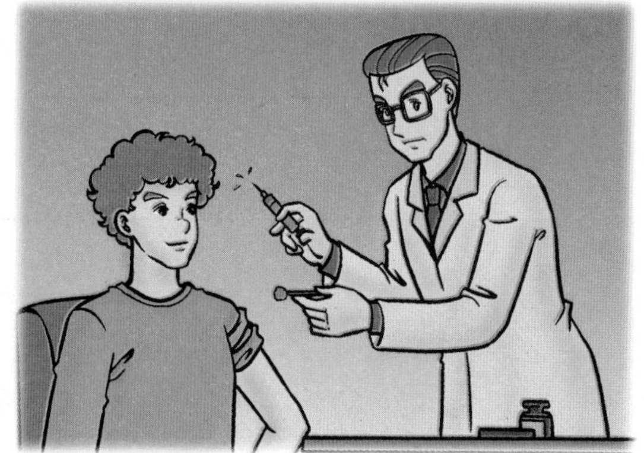

8. Exercises on Chinese characters.

(1) Identify the components of each of the following Chinese characters.

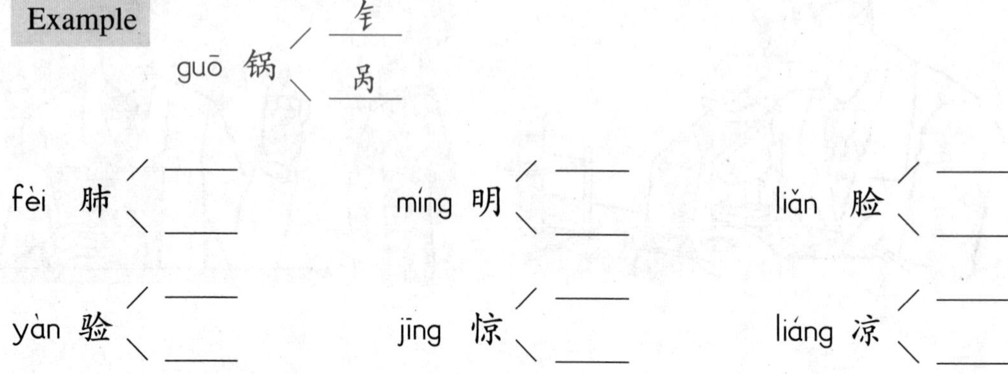

(2) Form Chinese characters by using the following given components.

Example 广＋付＋肉→（fǔ 腐）

火＋口＋大→（　　）　　太＋心→（　　）

忄＋又＋土→（　　）　　匚＋矢→（　　）

(3) Write the characters by following the stroke order.

xiě	血	血	血	血	血	血	血					
jiè	戒	戒	戒	戒	戒	戒	戒	戒				
fèi	肺	肺	肺	肺	肺	肺	肺	肺	肺			
zhòng	重	重	重	重	重	重	重	重	重	重		
dù	度	度	度	度	度	度	度	度	度	度		
yān	烟	烟	烟	烟	烟	烟	烟	烟	烟	烟	烟	
jiǎn	检	检	检	检	检	检	检	检	检	检	检	检

19 妈妈减肥

1. Combine the characters in the box into words and then write them in *Pinyin*.

中	自	南	盾
辙	方	怎	北
辕	意	药	法
思	矛	样	相

(1) 中药 zhōngyào (2) ______

(3) ______ (4) ______

(5) ______ (6) ______

2. Translation.

(1)

① zěnyàng 怎样 how ② yìsi 意思 ______

③ fāngfǎ 方法 ______ ④ měiróng 美容 ______

⑤ lǐyú 鲤鱼 ______ ⑥ qiǎokèlì 巧克力 ______

⑦ shàngjiē 上街 ______ ⑧ zìxiāng máodùn 自相矛盾 ______

(2)

① Chinese medicine 中药 ② oily ______

③ cream cake ______ ④ crispy fried chicken ______

⑤ fresh ______ ⑥ be shocked ______

3. Match the words in the left and right columns to form correct collocation.

吸 xī	矛盾 máodùn
吃 chī	空气 kōngqì
了解 liǎojiě	北辙 běizhé
自相 zìxiāng	烟 yān
南辕 nányuán	情况 qíngkuàng
呼吸 hūxī	中药 zhōngyào

4. Answer the questions using the given words.

(1)

A: 美云为什么不高兴?

B: 因为晚饭妈妈又做了鸡肉。

(又　鸡肉)

(2)

A: 林老师，你去年暑假做什么了?

B: ______________________

(又　学绘画)

(3)

A: 那家新开的饭馆怎么样?

B: ______________________

(以后　不再)

(4)

A: 小雨，你觉得这道中国菜怎么样？

B: ______________________

（腻）

5. Find a suitable place in the sentence for the word in the parentheses.

(1) 爷爷A生病了，B他在C吃中药。（又）

A

(2) A美云觉得B那篇文章一点C意思D没有。（也）

____

(3) 上星期杰克A吃了中餐，B这个星期C他D吃了。（又）

____

(4) 小王A踢球时B受了伤，他打算C以后不D踢了。（再）

____

6. Translation.

(1) Translate the following sentences into English.

① 今年夏天王太太又搬了家，这已经是第二次了。

Mrs. Wang moved again this summer. This is the second time already.

② 3年前我去过一次北京，明年我想再去一次。

____

③ 大龙觉得她的话有点儿自相矛盾。

____

④ 李先生非常了解那里的情况。

____

(2) Translate the following sentences into Chinese.

① Mr. Zhang decided to take no more trips there.

张先生决定以后不再去那里旅游了。

② Meiyun has gotten fatter lately.

____

③ Xiaoyu is very glad everytime she sees her pals.

____

④ Do you know what this word means?

____

7. Write a paragraph according to the picture.

Key words: 减肥 jiǎn féi　了解 liǎojiě　矛盾 máodùn　中药 zhōngyào　巧克力 qiǎokè lì　锻炼 duànliàn

8. Exercises on Chinese characters.

(1) Identify the components of each of the following Chinese characters.

Example

gù 顾 ／ 厄 ＼ 页

sū 酥 ／ ____ ＼ ____　　jiǔ 酒 ／ ____ ＼ ____　　là 蜡 ／ ____ ＼ ____

qiǎo 巧 ／ ____ ＼ ____　　gōng 功 ／ ____ ＼ ____　　dàn 蛋 ／ ____ ＼ ____

(2) Form Chinese characters by using the following given components.

Example 十＋口＋儿→（kè 克）

月＋贰→（　　）　　　　月＋市→（　　）

车＋云＋月＋攵→（　　）　　　　艹＋纟＋勺→（　　）

(3) Write the characters by following the stroke order.

qiǎo	巧
ròu	肉
dùn	盾
sū	酥
nì	腻
yuán	辕
zhé	辙

20 胖子和瘦子

1. Combine the characters in the box into words and then write them in *Pinyin*.

大	敬	这	子
尊	胖	方	名
失	怪	家	望
奇	样	有	便

(1) 大家 dàjiā (2) ________

(3) ________ (4) ________

(5) ________ (6) ________

(7) ________ (8) ________

2. Translation.

(1)

① shòuzi 瘦子 a thin person ② dàjiā 大家 ________

③ fāngbiàn 方便 ________ ④ shīwàng 失望 ________

⑤ qíguài 奇怪 ________ ⑥ yǒumíng 有名 ________

⑦ zhèyàng 这样 ________ ⑧ gǎn shímáo 赶时髦 ________

(2)

① to become 变 ② to respect ________

③ example ________ ④ a fat person ________

⑤ loose ________ ⑥ follow the fashion ________

3. Match the words in the left and right columns to form correct collocation.

赶 gǎn	失望 shīwàng
宽 kuān	精神 jīngshen
问题 wèntí	时髦 shímáo
感到 gǎndào	老师 lǎoshī
长得 zhǎngde	衣服 yīfu
尊敬 zūnjìng	严重 yánzhòng

4. Complete these sentences. Choose the correct words.

(1) 

我的两个好朋友都长（得）很胖。

(2) 地 的

大家都羡慕（　　）问他衣服是从哪儿买来的。

(3) 

听到这个消息，王太太感到（　　）兴奋（　　）紧张。

(4) 虽然　如果

（　　）决定减肥，安妮就不能吃她爱吃的巧克力了。

5. Find a suitable place in the sentence for the word in the parentheses.

(1) 他们A一家人B住C美丽的乡村。（在）
C

(2) A人们没有B想C这个姑娘D是那么漂亮。（到）
____

(3) 一般来说A，瘦人B希望自己C长胖D。（一点儿）
____

(4) A李小龙B打算C不再玩滑板了D。（以后）
____

6. Translation.

(1) Translate the following sentences into English.

① 从前有一个人，他长得很瘦。
Once upon a time there was a man who was very thin.

② 张先生很快就变成了一个很有名的人。
____

③ 我穿这件衣服不是很帅，但是很方便。
____

④ 美华穿那件裙子很精神。
____

(2) Translate the following sentences into Chinese.

① My friends like to keep up with the latest styles.

我的朋友喜欢赶时髦。

② She just bought a piece of tight, skimpy clothes.

____

③ I really envy him for the good Chinese he speaks.

____

④ Meiyun was very disappointed, for they lost their game.

____

7. Put Chinese characters in the blanks to form correct words.

			失					
			望	怪	鱼			
		敌				方		
	时						药	
精								意
	认						矛	思
		健				街		
			惊	鲜	体			

8. Write a paragraph according to the pictures.

Key words: 胖 pàng 瘦 shòu 感到 gǎndào 方便 fāngbiàn 变成 biànchéng 精神 jīngshen

9. Exercises on Chinese characters.

(1)

① Identify the components of each of the following Chinese characters.

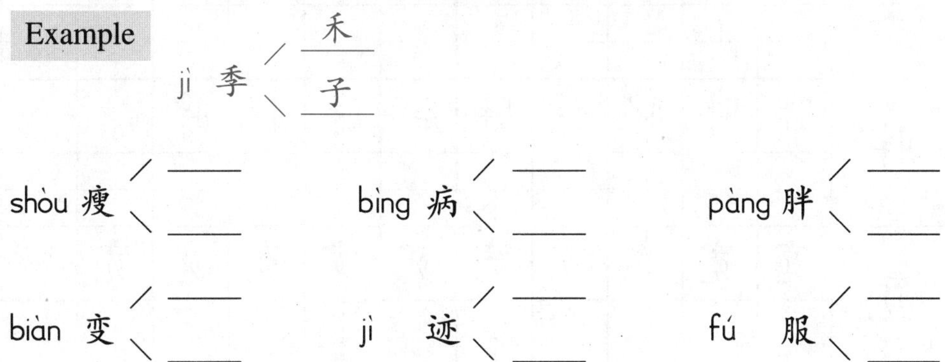

Example

jì 季 → 禾 / 子

shòu 瘦 ＿＿ / ＿＿ bìng 病 ＿＿ / ＿＿ pàng 胖 ＿＿ / ＿＿

biàn 变 ＿＿ / ＿＿ jì 迹 ＿＿ / ＿＿ fú 服 ＿＿ / ＿＿

② Form Chinese characters by using the following given components.

Example 穴＋牙→（chuān 穿）

走＋干→（　　） 走＋刀＋口→（　　）

酋＋寸→（　　） 亡＋月＋王→（　　）

③ Write the characters by following the stroke order.

Pinyin	Character	Practice
biàn	变	变变变变变变变变
pàng	胖	胖胖胖胖胖胖胖胖胖
kuān	宽	宽宽宽宽宽宽宽宽宽宽
shòu	瘦	瘦瘦瘦瘦瘦瘦瘦瘦瘦瘦瘦瘦瘦 瘦
bǎng	榜	榜榜榜榜榜榜榜榜榜榜榜榜榜 榜
jīng	精	精精精精精精精精精精精精精 精

(2)

① Write characters by using the radicals given. Then compare with your classmates and see who can produce more characters than others.

Example 土→坏、块、圾……

见→

车→

广→

② Circle and correct the wrong characters in the following words.

Example 炼习 练

蓝球 ______ 干万 ______ 应孩 ______

晴天 ______ 校圆 ______ 处面 ______

令年 ______ 性名 ______ 方使 ______

③ Supply *Pinyin* for the following characters with similar forms.

Example 床 chuáng 庄 zhuāng

(1) 验 ______ 检 ______ (2) 感 ______ 惑 ______

(3) 低 ______ 纸 ______ (4) 量 ______ 重 ______

(5) 赛 ______ 塞 ______ (6) 脑 ______ 恼 ______

Unit Six

Transportation and Geography

21 这里的环境太糟糕了

1. Combine the characters in the box into words and then write them in *Pinyin*.

市	交	便	附
糟	到	解	人
随	行	长	通
近	处	糕	决

(1) 市长 shìzhǎng　(2) ____________

(3) ____________　(4) ____________

(5) ____________　(6) ____________

(7) ____________　(8) ____________

2. Translation.

(1)

① yōngjǐ 拥挤 crowded　② fùjìn 附近 ____________

③ suíbiàn 随便 ____________　④ jiāotōng 交通 ____________

⑤ xíngrén 行人 ____________　⑥ jiějué 解决 ____________

⑦ tōngguò 通过 ____________　⑧ shìzhǎng 市长 ____________

(2)

① to smell 闻　② road ____________

③ cleaner ____________　④ everywhere ____________

⑤ to clean up ____________

3. Match the words in the left and right columns to form correct collocation.

通过 tōngguò	拥挤 yōngjǐ
觉得 juéde	污染 wūrǎn
随便 suíbiàn	车辆 chēliàng
清理 qīnglǐ	满意 mǎnyì
交通 jiāotōng	说话 shuōhuà
环境 huánjìng	垃圾 lājī

4. Answer the questions using the given words.

(1) 王老师为什么不高兴？

王老师对美云的作文不满意。

（对　不满意）

(2) 林先生为什么那么高兴？

____

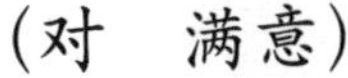

（对　满意）

(3) 玛丽在做什么？

____

（对　说话）

(4) 大家觉得这里的环境怎么样？

____

（对　满意）

5. Find a suitable place in the sentence for the word in the parentheses.

(1) 邻居们A张太太家的狗B不C太满意。(对)

A

(2) A学生们B校长的话C感到很D高兴。(对)

______

(3) 我家房子的外边A到处B是C垃圾。(都)

______

(4) 每次A过圣诞节B小龙C要D去看他爷爷。(都)

______

6. Translation.

(1) Translate the following sentences into English.

① 学生们对学校附近的环境很不满意。

The students are very unhappy with the environment around their school.

② 美云一直不喜欢吃猪肉。

______

③ 人们希望市长马上解决环境问题。

______

④ 路上的垃圾已经3天没清理了。

______

(2) Translate the following sentences into Chinese.

① The traffic on that crossroads is always heavy.

那个十字路口的交通一直很拥挤。

② The headmaster said to him that he did not have to come to work the day after tomorrow.

______

③ Everytime he goes to see the doctor, the doctor says that that child is recovering quickly.

______

④ The mayor said that garbage there must be cleaned up by the end of the year.

______

7. Writing.

Key words: 环境 huánjìng 垃圾 lā jī 扔 rēng 随便 suíbiàn 发现 fāxiàn 路边 lùbiān

______

______

______

______

______

8. Exercises on Chinese characters.

(1) Identify the components of each of the following Chinese characters.

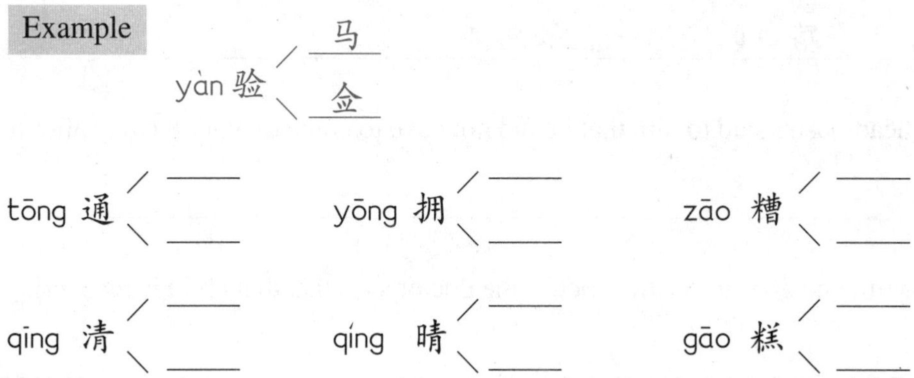

(2) Form Chinese characters by using the following given components.

Example 雨＋彐→（xuě 雪）

氵＋士＋口→（　　）　　阝＋有＋辶→（　　）

门＋耳→（　　）　　阝＋亻＋寸→（　　）

(3) Write the characters by following the stroke order.

fù	附	附	附	附	附	附	附	附						
wén	闻	闻	闻	闻	闻	闻	闻	闻	闻	闻				
tōng	通	通	通	通	通	通	通	通	通	通	通			
zāo	糟	糟	糟	糟	糟	糟	糟	糟	糟	糟	糟	糟	糟	糟
		糟	糟	糟	糟									

22 喂，您不能在这里停车

1. Combine the characters in the box into words and then write them in *Pinyin*.

汽	残	停	意
得	终	办	场
车	车	疾	迟
法	人	于	到

(1) 汽车 qìchē　　(2) ________

(3) ________　　(4) ________

(5) ________　　(6) ________

(7) ________　　(8) ________

2. Translation.

(1)

① sāichē 塞车　traffic jam　　② déyì 得意 ________

③ chídào 迟到 ________　　④ bànfǎ 办法 ________

⑤ pèngdào 碰到 ________　　⑥ tíngchē 停车 ________

⑦ líkāi 离开 ________　　⑧ fádān 罚单 ________

(2)

① finally　终于　　② early ________

③ annoyed ________　　④ a disabled person ________

⑤ parking lot ________　　⑥ as quickly as possible ________

3. Match the words in the left and right columns to form correct collocation.

终于 zhōngyú	急事 jíshì
想 xiǎng	离开 líkāi
占用 zhànyòng	办法 bànfǎ
感到 gǎndào	成功 chénggōng
尽快 jǐnkuài	车位 chēwèi
碰到 pèngdào	烦恼 fánnǎo

4. Choose the correct words to complete these sentences.

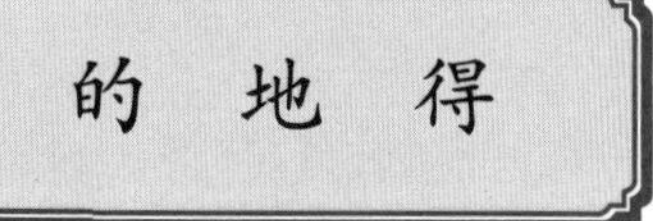

(1) 马明想养一只猪，可是小龙觉得猪脏（ 得 ）很。

(2) 张太太得意（　　）对大家说她终于把垃圾打扫干净了。

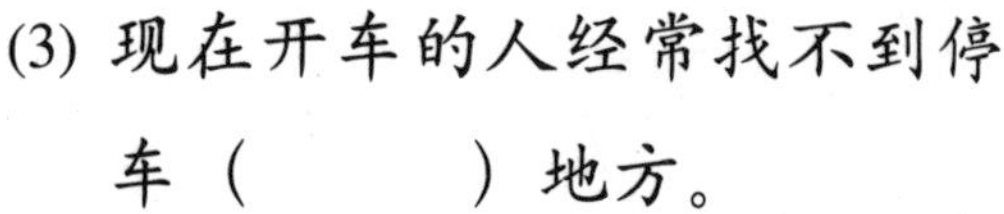

(3) 现在开车的人经常找不到停车（　　）地方。

(4) 下班后，小林高高兴兴（　　　）开车回家了。

5. Find a suitable place in the sentence for the word in the parentheses.

(1) 女儿开玩笑A对妈妈B说其实她什么都C不懂。（地）

A
______

(2) 早上我A起床B了，所以C碰到了塞车。（晚）

______

(3) 上个星期，A小赵B迟到C了D。（三次）

______

(4) 公共汽车来晚了A，B林太太C等了D。（一会儿）

______

6. Translation.

(1) Translate the following sentences into English.

① 张太太最近很烦恼，因为好像大家对她都不满意。

Mrs. Zhang has been very vexed lately because everyone seems to be dissatisfied with her.

② 警察给了那个司机一张罚单。

③ 这件事情一定会有一个好的结果。

④ 他对这件事情也没办法。

(2) Translate the following sentences into Chinese.

① The thin man thought himself very clever, but he was very stupid indeed.

瘦子认为自己聪明得很，但其实他很笨。

② Pigs and dogs are running everywhere. The environment here is awful!

③ The police made the people who parked here leave immediately.

④ Xiaoyu has been working on the translation of that article for two months.

7. Writing.

Hints: Answer the questions in the given order and then join your answers together to form a paragraph.

Questions: What advantages do you think there are to driving one's own car?

What disadvantages are there if there are too many cars?

What is the traffic like in your city?

What about the air there?

8. Exercises on Chinese characters.

(1) Identify the components of each of the following Chinese characters.

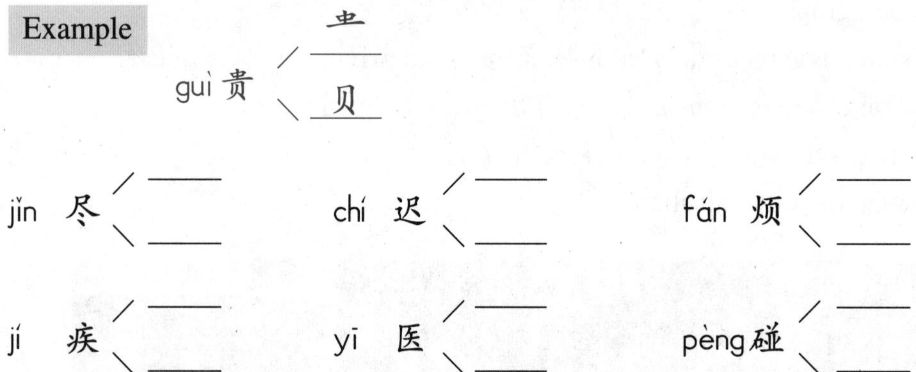

Example guì 贵 → 虫 / 贝

jǐn 尽 ______ ______　　chí 迟 ______ ______　　fán 烦 ______ ______

jí 疾 ______ ______　　yī 医 ______ ______　　pèng 碰 ______ ______

(2) Form Chinese characters by using the following given components.

Example 土＋𠃓→（chǎng 场）

纟＋冬→（　　）　　走＋乂→（　　）

四＋讠＋刂→（　　）　　忄＋亠＋凶→（　　）

(3) Write the characters by following the stroke order.

dān	单
cán	残
nǎo	恼
fá	罚
jí	疾
sāi	塞
pèng	碰

23 机票多少钱一张

1. Combine the characters in the box into words and then write them in *Pinyin*.

机	打	好	区
污	山	场	理
处	地	机	国
际	染	折	票

(1) 机票 jīpiào　　(2) ______

(3) ______　　(4) ______

(5) ______　　(6) ______

(7) ______　　(8) ______

2. Translation.

(1)

① jīchǎng 机场 airport　　② dìlǐ 地理 ______

③ wūrǎn 污染 ______　　④ shānqū 山区 ______

⑤ hǎochù 好处 ______　　⑥ guójì 国际 ______

⑦ páshān 爬山 ______　　⑧ wǎngfǎnpiào 往返票 ______

(2)

① the same 一样　　② art gallery ______

③ far ______　　④ near ______

⑤ discount ______　　⑥ one-way ticket ______

3. Match the words in the left and right columns to form correct collocation.

订 dìng	问题 wèntí
爬 pá	知识 zhīshi
参观 cānguān	票 piào
控制 kòngzhì	山 shān
地理 dìlǐ	博物馆 bówùguǎn
解决 jiějué	污染 wūrǎn

4. Answer the questions using the given words.

(1)

A: 旅馆离机场有多远？

B: 旅馆离机场有40公里远。

（离　公里）

(2)

A: 杰克家离学校多远？

B: ＿＿＿＿＿＿＿＿＿＿＿＿＿＿＿＿。

（离　米）

(3)

A: 你为什么不坐公共汽车去那里？

B: ＿＿＿＿＿＿＿＿＿＿＿＿＿＿＿＿＿＿。

（离　不远）

(4)

A: 张先生，哪个博物馆离你的公司最近？

B: ________________。

（离　最近）

5. Find a suitable place in the sentence for the word in the parentheses.

(1) 谁知道A北京B我们的城市有C多远？（离）

B

(2) A参观的城市越多，B学到的知识也C就D多。(越)

______

(3) 妈妈不知道A女儿B这个问题是C怎么想的。(对)

______

(4) A爬山对身体是有好处的，B有时候会C觉得累。(虽然)

______

6. Translation.

(1) Translate the following sentences into English.

① 对环境污染的问题，你是怎么想的？

What are your opinions about environmental pollution?

② 越到山区的里边，天气就越冷。

____

③ 林太太的家离市中心很近。

____

④ 北京离我的故乡大约有两千公里。

____

(2) Translate the following sentences into Chinese.

① The more famous sights you visit, the more knowledge you will gain.

参观的名胜古迹越多，学到的知识就越多。

② The closer it is to the city center, the more serious the pollution is.

____

③ Jack is strongly interested in geographical knowledge.

____

④ That school is far away from my home.

____

7. Writing.

Hints: Describe your experience of air travel. Where did you start your journey? What was your destination? What was it like in the plane? What did you see? Was the flight pleasant?

Key words:	离	往返票	感到	愉快	机场	越……越……
	lí	wǎngfǎnpiào	gǎndào	yúkuài	jīchǎng	yuè yuè

8. Exercises on Chinese characters.

(1) Identify the components of each of the following Chinese characters.

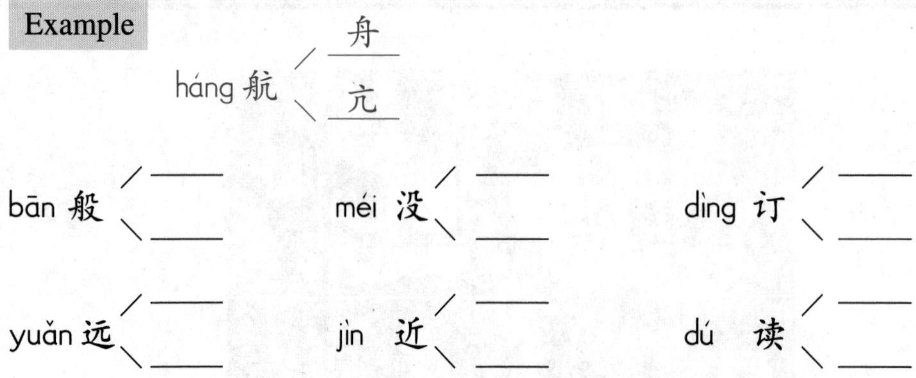

(2) Form Chinese characters by using the following given components.

Example　歹＋戋→（cán 残）

氵＋亏→（　　）　　大＋亏→（　　）

爪＋巴→（　　）　　辶＋反→（　　）

饣＋官→（　　）　　扌＋斤→（　　）

(3) Write the characters by following the stroke order.

dìng 订	订	订	订	订								
fǎn 返	返	返	返	返	返	返	返					
zhé 折	折	折	折	折	折	折	折					
pá 爬	爬	爬	爬	爬	爬	爬	爬	爬				
rǎn 染	染	染	染	染	染	染	染	染	染			
guǎn 馆	馆	馆	馆	馆	馆	馆	馆	馆	馆	馆	馆	
bó 博	博	博	博	博	博	博	博	博	博	博	博	博

24 谁破坏了我们的家

1. Combine the characters in the box into words and then write them in *Pinyin*.

美	发	南	象
辛	破	法	农
大	生	丽	坏
民	方	律	苦

(1) 美丽 měilì　　(2) ______

(3) ______　　(4) ______

(5) ______　　(6) ______

(7) ______　　(8) ______

2. Translation.

(1)

① zhíwù 植物 plant　　② nóngmín 农民 ______

③ liángshi 粮食 ______　　④ shēngzhǎng 生长 ______

⑤ nánfāng 南方 ______　　⑥ pòhuài 破坏 ______

⑦ shōuhuò 收获 ______　　⑧ xīnkǔ 辛苦 ______

(2)

① to catch 抓　　② court ______

③ to fall ______　　④ crops ______

⑤ to be dead ______　　⑥ to harvest ______

⑦ beautiful ______　　⑧ to destroy ______

3. Match the words in the left and right columns to form correct collocation.

破坏 pòhuài	大象 dàxiàng
风景 fēngjǐng	法律 fǎlǜ
热带 rèdài	美丽 měilì
收获 shōuhuò	事情 shìqing
捕杀 bǔshā	环境 huánjìng
学习 xuéxí	雨林 yǔlín
发生 fāshēng	粮食 liángshi

4. Choose the correct words to complete these sentences.

(1) 或者　还是

今年过春节的时候，美云打算去爷爷家（ 或者 ）去上海。

(2) 

过暑假的时候，我不知道去中国北方（　　）南方。

(3) 有　发生

那里最近（　　）了奇怪的事情。

(4) 把　被

那位农民很气愤，因为有人（　　）他家的猪打死了。

(5) 把　被

热带雨林的很多大象（　　）捕杀了。

5. Find a suitable place in the sentence for the word in the parentheses.

(1) 森林里A生长B很多C植物。（着）

B
______

(2) 上个月那里发生A这样的B事情C。（了）

______

(3) 第二天农民们A发现庄稼都被动物B吃C了D。（光）

______

(4) 警察终于A抓B了C那个小偷。（住）

______

6. Translation.

(1) Translate the following sentences into English.

① 现在很多国家的法律都禁止随便杀死动物。

Many countries have laws that prohibit slaughtering animals wantonly.

② 人们没想到会发生这样的事情。

____

③ 李大龙的自行车被偷了。

____

④ 农民们有时很烦恼，因为有的动物经常破坏庄稼。

____

(2) Translate the following sentences into Chinese.

① The elephants ate up the peasants' crops.

大象吃光了农民的庄稼。

② People have caught the thief.

____

③ There are many beautiful plants in the tropical forests.

____

④ It really took a lot of efforts to get it done.

____

7. Put Chinese characters in the blanks to form correct words.

			辛	拥	决			
		发		挤		恼		
	美						汽	
破								终
	法						得	
		地				馆	意	
			爬	机	染			

8. Write a paragraph according to the pictures.

Key words: 大象 dàxiàng　农民 nóngmín　热带 rèdài　植物 zhíwù　庄稼 zhuāngjia　发生 fāshēng　杀 shā

9. Exercises on Chinese characters.

(1)

① Identify the components of each of the following Chinese characters.

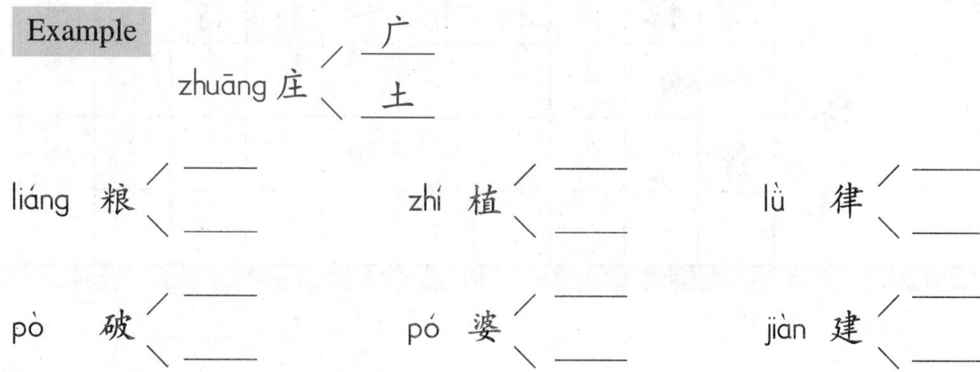

② Form Chinese characters by using the following given components.

Example　艹＋十＋口→（kǔ 苦）

讠＋斥→（　　）　　讠＋丁→（　　）

艹＋犭＋犬→（　　）　　禾＋宀＋豕→（　　）

③ Write the characters by following the stroke order.

xīn	辛	辛	辛	辛	辛	辛	辛	辛					
zhuā	抓	抓	抓	抓	抓	抓	抓	抓					
lǜ	律	律	律	律	律	律	律	律	律	律			
huò	获	获	获	获	获	获	获	获	获	获	获		
xiàng	象	象	象	象	象	象	象	象	象	象	象	象	
zhí	植	植	植	植	植	植	植	植	植	植	植	植	植
jiā	稼	稼	稼	稼	稼	稼	稼	稼	稼	稼	稼	稼	稼
		稼	稼	稼									

(2)

① Write characters by using the radicals given. Then compare with your classmates and see who can produce more characters than others.

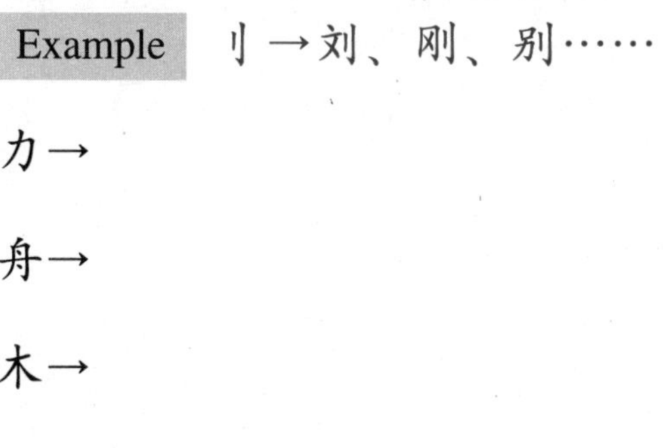

Example 刂→刘、刚、别……

力→

舟→

木→

攵→

② Circle and correct the wrong characters in the following words and phrases.

Example 坐 位 <u>座</u>

忘纪 ________	占代 ________	眼睛 ________
划般 ________	篮色 ________	年贸 ________
身休 ________	昨业 ________	困为 ________

③ Supply *Pinyin* for the following characters with similar forms.

Example 各 <u>gè</u>　　名 <u>míng</u>

(1) 因 ______	困 ______	(2) 备 ______	各 ______
(3) 古 ______	占 ______	(4) 赶 ______	起 ______
(5) 华 ______	货 ______	(6) 思 ______	恩 ______

附录

部分练习题答案

1　她从香港来

4. (2) T　(3) T　(4) T　(5) F　(6) T

5. (2) 胖胖　(3) 矮矮　(4) 眯眯

6. (2) 我在帮邻居搬家。(3) 美云长得很可爱。(4) 李先生长得瘦瘦的。

7. (2) C　(3) B　(4) B

2　我家的厨房

4. (1) 刚　(2) 刚才　(3) 刚才　(4) 刚才　(5) 刚　(6) 刚

6. (2) A　(3) B　(4) A

3　弟弟的宠物

4. (1) 只　(2) 只　(3) 只　(4) 只　(5) 头　(6) 头　(7) 只　(8) 匹　(9) 条

5. (2) 你最好带上雨伞，今天可能会下雨。

   (3) 走进李小龙的房间时，你会看见窗户的旁边站着一只鹦鹉。

   (4) 王太太告诉警察，那个人戴着墨镜。

6. (2) 马明打算把这件礼物送给美云。

   (3) 天气预报说今天会刮风。

   (4) 刘老师的建议是回家先把作业做完。

7. (2) C　(3) C　(4) C

4　这个城市跟香港很不一样

4. (2) 这个城市的人口没有那个城市的人口多。

   (3) 杰克比马明高得多。

   (4) 这部电影比那部电影好看。

5. (2) D　(3) A　(4) B

5 我也想到中国去

4. (2) F (3) F (4) T (5) F

6 我喜欢京剧的脸谱

4. B完 A去；会 A虽然 A听说 B越；越

5. (2) A (3) B (4) C

7 昨晚我只睡了4个小时

4. (2) 一天 (3) 三年 (4) 一个月 (5) 一个小时 (6) 三分钟

5. (2) 玛丽学了一年半汉语。

(3) 我每天上学坐40分钟车。

(4) 李小龙上网上了半个小时。

6. (2) B (3) B (4) C

8 我的网友

4. (2) T (3) F (4) F

5. (2) D (3) A (4) C

9 我很烦

4. (2) 就 (3) 才 (4) 就

5. (2) 那场京剧3点就结束了。

(3) 最近安妮越来越瘦了。

(4) 这几天香港的天气越来越热。

6. (2) C (3) D (4) B

10 男孩儿和女孩儿

4. (2) T (3) F (4) F

5. (2) 教室里才有4个学生。

(3) 因为安妮才吃了一片面包。

(4) 张先生的孙子才两岁半。

6. (2) C (3) B (4) B

11 我该怎么办

4. (2) 安妮决定对妈妈保密。

(3) 王先生的女儿没有以前听话了。

(4) 今天的天气没有昨天冷。

5. (1) 了 (2) 对 (3) 比 (4) 没有

6. (2) C (3) C (4) B

12 望子成龙

4. (1) 对 (2) 越 (3) 越 (4) 就 (5) 没有 (6) 比

5. (2) D (3) A (4) D

13 婚礼的“颜色”

4. (2) 那家饭馆旁边挂着灯笼。 (3) 王小雨应该对舅舅说“恭喜”。

5. (2) C (3) A (4) B

14 不同的节日，同样的祝贺

4. (2) F (3) F (4) T

5. (2) 王太太打电话的时候说话说得很慢。

(3) 安妮今天晚上要写作业。

(4) 李小龙明天要寄贺卡。

6. (2) A (3) C (4) C

15 你更喜欢吃哪一种菜

4. (2) 我吃过中国菜。 (3) 我没去过那家法国饭馆。 (4) 我没用过筷子。

5. (2) D (3) B (4) C

16 什么礼物最吉利

4. (2) 因为给亲戚送闹钟不吉利。 (3) 他的朋友们希望收到红包。

(4) 因为王先生想起送东西的人。

5. (2) C (3) C (4) D

17 我把菜谱带来了

4. (2) 王太太让马明把伞带去。 (3) 安妮对奶奶说请把菜谱拿过来。

(4) 爷爷对李小龙说把垃圾桶拿出去。

5. (2) T (3) F (4) F

6. (2) D (3) D (4) C

18 一次体检

4. (2) F (3) F (4) T

5. (2) D (3) C (4) C

19 妈妈减肥

4. (2) 我又学绘画了。 (3) 不怎么样，我以后不再去了。

(4) 我觉得这道中国菜太腻了。

5. (2) D (3) D (4) D

20 胖子和瘦子

4. (2) 地 (3) 又；又 (4) 如果

5. (2) C (3) D (4) C

21 这里的环境太糟糕了

4. (2) 因为林先生对这里的交通很满意。 (3) 玛丽在对妈妈说话。

(4) 大家对这里的环境非常满意。

5. (2) B (3) B (4) C

22 喂，您不能在这里停车

4. (2) 地 (3) 的 (4) 地

5. (2) B (3) D (4) D

23 机票多少钱一张

4. (2) 杰克家离学校有50多米远。 (3) 因为我家离那里不远。

(4) 历史博物馆离我的公司最近。

5. (2) D (3) B (4) B

24 谁破坏了我们的家

4. (2) 还是 (3) 发生 (4) 把 (5) 被

5. (2) A (3) C (4) B